Andrea & Harald Hesse

Chiemgau

Radeln für die Seele

15 Wohlfühltouren

Alle Touren auf einen Blick

AUSZEITEN

GENUSS

ERFRISCHUNG

Liebe Wohlfühlradler,

bis auf die Chiemgauer Alpen, die noch älteren Ursprungs sind, ist das voralpine Hügel- und Moorland des Chiemgaus mit dem Chiemsee als Zentrum eine Hinterlassenschaft der letzten Eiszeit, die an **Vielseitigkeit und Schönheit** ihresgleichen sucht. Davon haben wir uns auf unseren 15 Wohlfühltouren, die uns über 400 Kilometer kreuz und quer durch den Chiemgau lenkten, von Neuem überzeugen dürfen. Sehr häufig hatten wir dabei das Gefühl, in der ersten Reihe eines **einzigartigen Naturkinos** zu sitzen. Und so fragten wir uns: Wer muss noch in die Südsee reisen, wenn sich das typische Karibik-Feeling auch im Umkreis des Bayerischen Meeres einstellt? Auch wer **Ruheoasen** sucht, um den alltäglichen Ballast abzustreifen, wird rund um den Chiemgau fündig. Dort reihen sich beschauliche Orte der Stille und Besinnlichkeit aneinander wie Perlen auf einer Schnur: reizvolle Naturschutzgebiete, malerische Flusstäler, idyllische Seen, dichte Wälder, weite Streuwiesen und verzaubernde Panoramablicke. Selbstverständlich haben wir auch das Leibeswohl angesichts der Fülle an **Augenschmaus und Seelenkost** nicht vergessen und empfehlen Wirtshäuser, Biergärten, Cafés und Kioske entlang der Touren. Machen Sie einfach mit uns die Sattelprobe und lassen auch Sie sich vom Chiemgau begeistern.

NATUR
KULTUR
GENUSS
TOUR
GPS-Tracks zum Download

In diesem Sinne: Gute Fahrt!

Andrea & Harald Hesse

Skulptur „Prätorianer-Kopf" in Seebruck

Kunst und Kultur

Im Seeoner & Seebrucker Land

In Seebruck kann man nicht nur in den Chiemsee eintauchen, sondern auch in die Kelten- und Römerzeit. Davon machen wir uns während unserer Radltour wiederholt ein Bild. Zudem ist die Gemeinde Seeon-Seebruck das Land Heinrich Kirchners, hier hat der Bildhauer seit 1970 seinen Lebensabend verbracht. Mehreren seiner Großplastiken werden wir begegnen. Auch Mozart, Komponist der Wiener Klassik, kommen wir beim Kloster Seeon recht nahe.

Wir starten an der Tourist Information in der Straße **Am Seefeld** und radeln zum See hinunter. An der T-Kreuzung, wo uns die erste **1 Bronzeplastik („Jesaias") von Kirchner** mit erhobener Hand grüßt, biegen wir rechts in die **Römerstraße** ab und folgen dem Radwegweiser Richtung **Seeon.**

Schon nach wenigen Metern passieren wir den Zugang zum örtlichen Kurpark. Gleich daneben steht ein Pavillon, in dem sich das teils gut erhaltene Fundament einer **2 römischen Darre** befindet, einer Räucherkammer für Fisch und Fleisch.

*Der Bildhauer **Heinrich Kirchner** (1902–1984) hat 1970 in Pavolding bei Roitham einen früheren Fischerhof erworben, auf dem er bis zu seinem Tod lebte. An vielen Standorten der Gemeinde Seeon-Seebruck erinnern Bronzeplastiken von ihm an sein Lebenswerk.*

Am Ortsausgang geht die asphaltierte Römerstraße in einen schmalen Rad- und Wanderweg **(Chiemsee-Uferweg)** über, der uns mit einem herrlichen Blick nach Süden über Feuchtwiesen und Schilfzonen hinweg auf den See und die dahinter liegenden Chiemgauer Alpen belohnt. Aus der Bergkette sticht die Kampenwand, mit ihrem zackigen, an einen Hahnenkamm erinnernden Gipfel eines der Wahrzeichen des Chiemgaus, gut sichtbar heraus. Der Radweg verläuft bald parallel

Kilometer: 22
Höhenmeter: 250
Stunden: 2,5
RUNDTOUR

Kapelle Roitham

zur Staatsstraße (St 2095) – mal durch einen Grünstreifen, dann durch eine Baumgruppe getrennt. Am Wegesrand salutieren immer wieder Sibirische Schwertlilien, deren tiefblaue Blüten auf langen Stängeln die saftiggrünen Gräser überragen. Wir passieren den Parkplatz Esbaum. Der grenzt nicht nur an einen kleinen Badestrand samt Liegewiese mit herrlichem Alpenblick, dort befindet sich auch die ❸ **Rekonstruktion einer Römerstraße,** die den schichtweisen Aufbau römischer Fernstraßen veranschaulicht. Am Parkplatz des **Hotel-Restaurants Malerwinkel** schwenkt der Weg nach rechts und trifft auf die Staatsstraße (Stopschild). Wir folgen dem Radweg nach links. Er lenkt uns unmittelbar vor einem Kreisel nach rechts über die Staatsstraße (Vorfahrt achten!) Richtung **Eggstätt/Stetten** (Radwegweiser). Beim Kreisverkehr begegnet uns bereits das zweite Werk von Heinrich Kirchner auf dieser Tour: Auch diese ❹ **„Friedensbote" betitelte Bronzeplastik** scheint uns zu grüßen, allerdings mit beiden Händen. Weiter geht's den Radweg entlang, vorbei an der von zwei Bäumen gerahmten Wegkapelle, die beim Abzweig nach Straßham steht. Im frühen 19. Jahrhundert haben die Bauern des Weilers sie dort errichtet. Linker Hand sind, über Felder und Wiesen hinweg, erneut die Chiemgauer Alpen zu sehen. Vor dieser Kulisse streckt die 1313 erstmals urkundlich erwähnte Pfarrkirche Gollenshausen ihren spitzen Turmhelm gen Himmel.

Für die Seele

Durchs Naturschutzgebiet Seeoner Seen geht es zur Alz, vorbei an Feldern, Feuchtwiesen und Wäldern.

Gut 1,5 Kilometer nach dem Kreisel verlassen wir den Radweg nach rechts und folgen dem Wegweiser Richtung **Stetten/Fembach.** Wir durchqueren das gemütliche Straßendorf **Stetten** mit seinen heute denkmalgeschützten ehemaligen Bauernhäusern. Die asphaltierte Straße führt uns durch die weitläufigen Wiesen des Moosfelds nach **Fembach.** Am Ortsende folgen wir dem Radwegweiser Richtung **Roitham** und **Seeon,** der Bodenbelag wechselt von Asphalt zu Schotter. Der gut beschilderte Weg lenkt uns durch sonnige Wiesen und schattige Wälder.

Rund 5 Kilometer nach Fembach entlässt uns der Wald, und vor uns liegt das Dorf **Roitham,** das erstmals im Jahr 925 Erwähnung fand. Über den ansteigenden **Kohlstattweg** erreichen wir die Dorfmitte. Dort thront, von Straßen umsäumt, die 1859 erbaute **Kapelle St. Katharina.** Ihr auffälliges Farbmuster verdankt sie der in ihren Wänden verbauten Schlacke. An dieser Stelle überqueren wir die Seebrucker Straße und radeln den schmalen **Gasteig** hinauf, der wegen des geschlossenen Blätterdachs streckenweise wie ein Laubengang anmutet. Wir ignorieren alle Abzweige und fahren auf der „Anlieger frei“-Straße bis zum Waldrand. Hier steigen wir sicherheitshalber ab und schieben die Räder ein paar Meter, weil der vor uns liegende Waldweg anfangs ein Gefälle von 20 Prozent hat. Nach wenigen Minuten verlassen wir den Wald wieder, passieren mehrere Pferdekoppeln, auf denen Stuten grasen, und treffen an einer T-Kreuzung auf die Staatsstraße (St 2094). Wir überqueren diese und schwenken nach links auf den begleitenden Radweg ein, der uns bis zum Parkplatz des Klosters Seeon bringt. Hier bildet eine weitere Kirchner-Bronzeplastik einen echten Blickfang: **5 „Bild des Hoffens“,** eine Gruppe aus drei Einzelfiguren auf eckigen Sockeln. Über den Parkplatz hinweg gelangen wir auf den Klosterweg, an dem **6 Der Klosterladen** im Mesnerhaus liegt.

*Das **Kloster Seeon** liegt auf der 2,1 Hektar großen Klosterinsel im Klostersee. Es ist über einen 25 Meter langen Damm und eine Holzbrücke mit dem Festland verbunden. Das einstige Benediktinerkloster beherbergt heute ein Kultur- und Bildungszentrum.*

Wir kehren dort ein, denn er bietet nicht nur Geschenkartikel und einen Ausstellungsbereich. Auch eine kleine Auswahl an Kuchen und Getränke gehören zum Angebot. Wir genießen sie im Außenbereich hinterm Haus mit Blick auf den Klostersee und das Kloster Seeon.

Nach kurzer Rast radeln wir weiter Richtung Kloster. Nur 100 Meter weiter, am Rundbogentor der St.-Walburgis-Kirche, zweigt der **Mozartweg** links ab. Wir parken unsere Räder und folgen dem Fußweg am See entlang, der uns zur **7 Mozart-Eiche** bringt.

Mozart war eng mit dem Kloster Seeon verbandelt, soll hier sogar zwei Stücke komponiert haben. Vielleicht hat er auch einmal in den Abendstunden unter der Eiche gesessen und einen Krug mit dem von ihm geschätzten Klosterbier geleert – wer weiß? Wir nehmen kurz auf einer Bank zu Füßen der Eiche Platz und genießen die Stille und den himmlischen Ausblick, ein wahres Postkartenidyll: vor uns der Klostersee, dahinter auf einem Hügel die Wallfahrtskirche St. Maria und halb rechts stechen die mit Grünspan überzogenen Kuppeln der Klosterkirche St. Lambert hervor. Mensch, was brauchst du mehr, um Kraft zu tanken?

Danach geht's zurück zu den Rädern, die wir zunächst schieben – erst vorbei am Kloster mit seinen Einkehrmöglichkeiten, **8 Klostergaststätte** und **Seeterrasse,** dann über eine schmale Holzbrücke, die die Halbinsel mit dem Festland verbindet. Nach einem kleinen Anstieg treffen wir an der Kirche St. Maria auf die Weinbergstraße. Zur Linken, in einer kleinen Senke, befindet sich eine weitere **9 Kirchner-Bronzeplastik**

Alzbad in Truchtlaching

(„Mann im Boot"). Wir halten uns rechts, passieren die Wallfahrtskirche und radeln auf der **Weinbergstraße** den Klostersee entlang ins Zentrum von Seeon.

In der Ortsmitte biegen wir am Lokal ⑩ **Le Petit Café** links in die **Altenmarkter Straße** ab, die wir 100 Meter weiter nach rechts auf die **Truchtlachinger Straße** wieder verlassen. Beim Sportverein Seeon e. V. folgen wir dem Radwegweiser nach rechts auf die Straße **Am Sportplatz,** die uns zur querenden **Kreisstraße TS 31** bringt. Hier halten wir uns rechts und radeln auf dem die Kreisstraße über weite Strecken begleitenden, durchgängig beschilderten Radweg bis nach **Truchtlaching.** Auf der Alzbrücke halten wir kurz inne.

*Die **Seeoner Seen** sind seit 1985 als Naturschutzgebiet ausgewiesen. Neben der Osterseengruppe südlich des Starnberger Sees und der Eggstätt-Hemhofer-Seenplatte gelten sie als bedeutendste Eiszerfallslandschaft des bayerischen Alpenvorlandes.*

Links neben der alten Zollbrücke und vis-à-vis der gotischen Kirche St. Johann Baptist (Baujahr 1435) schmiegt sich das ⑪ **Alzbad** ans geschwungene Ufer. Der Eintritt ins einzige Flussstrandbad weit und breit ist übrigens frei.

Sodann überqueren wir die Brücke und biegen an einer T-Kreuzung rechts auf die **Chiemseestraße** ab. Kurz darauf folgen wir dem Radwegweiser rechts in die **Aubergstraße** und bei der nächsten Möglichkeit links in den **Samermoosweg,** auf dem wir den Ort Richtung Seebruck verlassen.

Kaum liegt die Siedlung hinter uns, weitet sich der Blick. Wir bewegen uns inmitten von Wiesen und

St. Johann Baptist in Truchtlaching

Keltengehöft in Stöffling

Alter Bauernhof in Stöffling

Feldern, an Waldstücken entlang, hie und da sind einzelne Höfe zu sehen, und am Horizont lassen sich gelegentlich Teile der Chiemgauer Alpen blicken. Bei der nächsten T-Kreuzung orientieren wir uns rechts Richtung **Seebruck.** Vorbei an Wegkreuzen und einer Wegkapelle erreichen wir den Weiler **Stöffling,** an dessen Ortsrand sich das ⑫ **Keltengehöft Stöffling** befindet – der Nachbau eines keltischen Gehöfts, wie es um 300 v. Chr. ausgesehen haben könnte. Vier Höfe in unterschiedlicher Bauweise sind dort zu sehen. Eine Infotafel steuert interessantes Hintergrundwissen bei. Mit geschlossenen Augen begeben wir uns auf eine Zeitreise in die Vergangenheit, die uns nach wenigen Minuten wieder ins Hier und Jetzt entlässt.

Es geht weiter, der Radwegweiser leitet uns durch den Weiler, wo eingangs erneut eine ⑬ **Bronzeplastik von Kirchner („Schlanke Gestalt")** ihre Hände grüßend erhebt. Am Ortsausgang geht der asphaltierte Weg in eine Schotterstrecke über, die uns durch Feuchtwiesen lenkt. Aus einiger Entfernung funkelt uns die Alz im Sonnenlicht an, auch der Turm von Seebrucks Kirche St. Thomas und St. Stephan ist gut zu sehen. Der Weg endet an der **Haushoferstraße,** über die wir nach rechts auf die **Traunsteiner Straße** treffen, die uns wiederum nach rechts über die Alzbrücke in die Ortsmitte von Seebruck leitet.

Südlich der Brücke fällt uns der örtliche Jachthafen ins Auge, der mit seinen Wasser- und Trockenliegeplätzen für Boote zu den größten Häfen in Bayern zählt. Nach der Brücke biegen wir am **Jakob-Weyerer-Platz** (Achtung: viel Verkehr) links in die **Römerstraße** ab, passieren den **römerzeitlichen Ziergarten,** der am Wegesrand mit einem großen aus Stahlblech geformten „Prätorianer-Kopf" auf sich aufmerksam macht. Wir radeln am ⑭ **Römermuseum Bedaium** und einer weiteren, großen ⑮ **Kirchner-Bronzeplastik** vorbei, dann gibt es ein Wiedersehen mit „Jesaias", der uns nun am Ende der Tour zu verabschieden scheint.

Seeoner Seen
Seeon
Altenmarkter Straße
Klostersee
Wattenham
St2094
Ischler Achen
Roitham
Ischl
Truchtlaching
Alz
Seebruck
P
Traunsteiner Straße
Fembach
Arlaching
Gollenshausen
Chiemsee
Seebrucker Straße
1
2
3
4
5
6
7
8
9
10
11
12
13
14
15

ALLES AUF EINEN BLICK

Entspannung ●●●●○
Abenteuer ●●●●○
Vielfalt ●●●●●

WIE & WANN

Asphaltierte Straßen, Schotter-, Wald- und Radwege; ideal April bis Oktober.

HIN & WEG

Auto: Parkplatz Am Anger 1/Ecke Am Seefeld, 83358 Seebruck
ÖPNV: Keine direkte Anbindung

ESSEN & ENTSPANNEN

6 **Der Klosterladen,** Klosterweg 15, 83370 Seeon-Seebruck, Tel. (0 86 24) 89 72 01, www.kloster-seeon.de/kultur-erleben/klosterladen

8 **Klostergaststätte** und **Seeterrasse,** Klosterweg 1, 83370 Seeon-Seebruck, Tel. (0 86 24) 89 70, www.kloster-seeon.de/kulinarik

10 **Le Petit Café,** Seestraße 2, 83370 Seeon-Seebruck, Tel. (0 86 24) 8 20 48 11, www.lepetitcafe-seeon.de

ENTDECKEN & ERLEBEN

1 **Bronzeplastik „Jesaias" von Heinrich Kirchner**
2 **Römerzeitliche Darre**
3 **Rekonstruktion einer Römerstraße**
4 **Bronzeplastik „Friedensbote" von Heinrich Kirchner**
5 **Bronzeplastik „Bild des Hoffens" von Heinrich Kirchner**
7 **Mozart-Eiche**
9 **Bronzeplastik „Mann im Boot" von Heinrich Kirchner**
11 **Alzbad Truchtlaching**
12 **Keltengehöft Stöffling**
13 **Bronzeplastik „Schlanke Gestalt" von Heinrich Kirchner**
14 **Römermuseum Bedaium,** Römerstraße 3, 83358 Seebruck, Tel. (0 86 67) 75 03, www.roemermuseum-bedaium.byseum.de
15 **Bronzeplastik „Wächter im Garten Eden" von Heinrich Kirchner**

Chiemsee-Ostufer

Von Traunstein nach Chieming

Unser Startpunk ist gegenüber vom Bahnhof Traunstein am **Bahnhofplatz** beim Brunnen, der Südsee-Feeling verströmt. Wir fahren die **Bahnhofstraße** hinunter und an der **Herzog-Friedrich-Straße** nach links. Der Straßenname ändert sich in **Wasserburger Straße,** auf dem Radweg neben der Straße geht's durch die Bahnunterführung. Beim dritten Abzweig nach links fahren wir in die **Herzog-Wilhelm-Straße** (später **Wolkersdorfer Straße**), die uns ruckzuck stadtauswärts bringt. Geradeaus über einen Kreisverkehr hinweg erreichen wir, von Grünland flankiert und mit seitlichem Blick auf die östlichen Chiemgauer Alpen, **Wolkersdorf.** Am Ortseingang verlassen wir die Kreisstraße (TS 2) und biegen halb rechts auf die **Hohensteinstraße** ab, die uns durchs Dorf an eine T-Kreuzung lenkt. Dort treffen wir wieder auf die Kreisstraße. Ihr folgen wir nach rechts Richtung **Schmidham.** Auf der kaum befahrenen TS 2 radeln wir vorbei an Maisfeldern, die kurz vor der Erntereife stehen, weitflächigen Wiesen, einem schmalen Waldstreifen und dem Weiler Schmidham.

*In **Traunstein** ist was los: Am Ostermontag ist traditionell der Georgi-Ritt mit Schwerttanz dran. Im Juni finden im Stadtpark die Rosentage statt, ein Mekka für Blumen- und Gartenfans. Und der Christkindlmarkt vor der Stadtplatz-Kulisse ist stimmungsvoll.*

Kurz darauf steht an der Straße nach Kraimoos ein überdachter ❶ **Bildstock** aus dem 17. Jahrhundert mit Rotmarmor-Laterne auf einem runden Schaft, einem Fragment eines römischen Meilensteins. An der Staatsstraße **(St 2095)** biegen wir rechts ab und kommen nach **Kraimoos.** Linker Hand liegt das ❷ **Traditionswirtshaus Kraimoos,** das 1858 erbaut wurde und seit 1918 in der fünften Generation im Besitz der Familie Schwögler ist. Leider ist Ruhetag, sonst wären wir eingekehrt. Ein

Kilometer: 27

Höhenmeter: 300

Stunden: 3

RUNDTOUR

Hofbräuhaus Traunstein
Porsche-Bulldog
ist nicht zu
Verkaufen,
gehört zum
Haus!

Gasthaus, das seinen Gästen den Spruch „Man muss dem Leib was gönnen, damit die Seele Lust hat, darin zu wohnen“ ins Stammbuch schreibt, ist garantiert einen Besuch wert.

Also weiter, und zwar unmittelbar nach dem Wirtshaus nach links, wo das Herz von Schlepper- bzw. Traktor-Fans vor Freude hüpft. Am Wegesrand steht auf der Wiese ein Oldtimer und Sammlerstück, ein roter Porsche-Bulldog, von dem der letzte 1963 vom Band lief. Und damit sich niemand falsche Hoffnungen macht, steht eine Tafel davor: „Porsche-Bulldog ist nicht zu verkaufen, gehört zum Haus! Ihr Kraimoos-Team“. Angesichts dieser Klarheit schwingen wir uns wieder in den Sattel und folgen dem Radwegweiser am Pachtgewässer Kraimooser Weiher entlang nach **Außerlohen.** Vor uns schlängelt sich der helle Schotterweg durch saftiggrüne Wiesen die Anhöhe hinauf, wo wir bereits die ersten Dächer des Weilers erkennen. Wir durchfahren den Ort der Länge nach und halten uns Richtung **Chieming** (Wegweiser).

Für die Seele

Über Land geht es zur Chieminger Bucht, wir entdecken zwei idyllische Ruheoasen und eine Heilquelle.

Nach leichtem Anstieg erreichen wir eine Kuppe mit schöner Rundumsicht. Rechts verteilt sich über eine weitläufige Weide eine Herde Fleckvieh, an die 40 weiß-braun gescheckte Tiere mit teils imposanten Hörnern dürften es sein – einige liegen auf allen vieren und käuen wieder, andere grasen ungestört weiter. Zur Linken haben wir den ersten Blickkontakt mit dem Chiemsee. Jenseits der Baumkronen blitzt ein schmaler Streifen Wasser hervor. Etwas seitlich davon sehen wir den spitzen Turm der 1882/83 erbauten Pfarrkirche Mariä Himmelfahrt in Chieming. In ihrer Glockenstube, lernen wir aus der Ortsgeschichte, sollen drei römische Weihesteine eingemauert sein.

*Die Gemeinde **Chieming** am Ostufer des Chiemsees hat eine privilegierte Lage. Die Sonnenuntergänge in der Chieminger Bucht sind legendär. Und vom Ufer aus versteht man sofort, wieso Bayerns größter See im Volksmund den Beinamen Bayerisches Meer trägt.*

Hinter einer kleinen, mit der Jahreszahl 1883 bezeichneten Privatkapelle durchqueren wir den Weiler **Aufham.** An der T-Kreuzung fahren wir links und rol-

Isabella Nadolny
(1917–2004), Schriftstellerin und Ehrenbürgerin Chiemings, kam in den 1930er-Jahren an diesen Ort. Ihre Geschichten spielen in Oberbayern und am Chiemsee. Ihre Grabstätte befindet sich auf dem Friedhof von St. Johannes in Stöttham.

len, alle Abzweige ignorierend, auf der **Pfaffinger Straße** bis zu einer weiteren T-Kreuzung an der Hauptstraße in **Chieming.** Dort geht es links, seewärts, und bei der nächsten Möglichkeit rechts ins leicht ansteigende **Fuchsengasserl.** Am Kreisel steuern wir halb links in die **Gallingerstraße,** von der wir kurz darauf an einer Weggabelung rechts in den Fuß- und Radweg **Strandweg** bzw. **Isabella-Nadolny-Weg** einbiegen. Nach wenigen Metern treffen wir auf ein allein stehendes ❸ **Holzhaus,** das bis vor wenigen Jahren noch im Besitz der **Familie Nadolny** war.

Das Wohnhaus und den großen Baum davor verewigte die Schriftstellerin Isabella Nadolny in ihrem bekanntesten, noch heute erhältlichen Roman „Ein Baum wächst übers Dach". Dort wuchs auch ihr Sohn, Sten Nadolny, auf, unter anderem Autor des preisgekrönten Bestsellers „Die Entdeckung der Langsamkeit".

Wir schieben die Räder den nach Isabella Nadolny benannten Fußweg links neben dem Haus entlang zum Strandweg am „Seehamer See", wie die Autorin den Chiemsee in ihren Büchern nannte. Gleich rechts legen wir ❹ **Beim Wegmacher,** einem Kiosk mit Biergarten, eine Pause ein. Ein Espresso und ein Stück hausgemachter Kuchen gehen immer. Damit setzen wir uns ans Ufer und genießen die fantastische Aussicht über den See.

Am Horizont erkennen wir das markante Gipfelprofil der Kampenwand. Das Priental rechts davon ist wolkenverhangen, zur Linken liegt das sich öffnende Achental hinter einem milchigen Dunstschleier. Es ist fast windstill, der See kräuselt sich ganz leicht. Eine Gruppe Enten schiebt lautlos Mini-Bugwellen vor sich her, die sich seitlich ausbreiten. Und über allem verströmt die Sonne ihre leuchtende Wärme. Derweil schauen und schweigen wir inmitten dieser idyllischen Ruheoase.

Mit diesen Eindrücken geht's weiter den Uferweg entlang. Vorbei an einem Wetterkreuz, ein Replikat des Originals von 1856, bis zur **Beobachtungsplattform Chieming:** Auf einem langen Holzsteg befindet sich ein fest installiertes Fernglas, durch das man alles heranzoomen kann – Vögel, Schiffe und Berge. Wir verlassen den Steg über einen Parkplatz und den **Chiemseering** und gelangen zur T-Kreuzung an der **Stötthamer Straße.** Dort folgen wir dem Radwegweiser nach links Richtung **Seebruck.** Kurz nach dem Ortsschild von **Stöttham** wenden wir uns an einer Gabelung nach rechts (Wegweiser **Seebruck**) und radeln am Dorfrand entlang bis zur nächsten Kreuzung, wo wir nach rechts abbiegen (Radwegweiser **Egerer**). Der anfänglich asphaltierte Weg geht schnell in einen Wirtschaftsweg über. An einer Weggabelung halten wir uns links und treffen, von Äckern, Maisfeldern und Wiesen begleitet, auf die Staatsstraße (St 2095). Wir überqueren sie

Beobachtungsplattform in Chieming

geradeaus auf einen von Laubbäumen überdachten, sehr schmalen Schotterweg. Dem Radwegweiser Richtung **Sondermoning** folgend, gelangen wir auf die **Eichfeldstraße,** die geradeaus in die **Sondermoninger Straße** (später **Egererstraße**) übergeht. So erreichen wir durch Grünland das Kirchdorf **Sondermoning.** Wir überqueren die Kreisstraße (TS 47) nach rechts und folgen dem Radwegweiser **(Traunstein)** sogleich über eine kleine Verkehrsinsel nach links in die **Harter Straße.** Die führt uns in einem Rechtsbogen an einer kleinen Grünanlage mit Brunnen vorbei zur **Chieminger Straße.** Wir fahren nach links und biegen kurz darauf rechts in die ansteigende asphaltierte **Kreuzbergstraße (Sackgasse)** ab. An einer Weggabelung halten wir uns rechts und radeln auf einem Wirtschaftsweg weiter. Kurz darauf biegen wir scharf links auf einen Schotterweg ab. Nach wenigen Metern steht unter einem Baum eine Sitzbank, daneben ein Feldkreuz. Es ist schon die zweite idyllische Ruheoase auf unserer Route. Wir lassen das schöne ❺ **Panorama** auf uns wirken. Das Besondere daran sind die vielen braunen Ackerflächen, die für Getreideanbau nutzbar sind. Die findet man nur im Osten des Chiemsees.

*Wegen der kargen Böden gibt's im Chiemgau überwiegend **Grünlandflächen,** auf denen Milchwirtschaft betrieben wird. Nur östlich des Chiemsees ist das Land fruchtbar und fit für Ackerbau. Das wussten bereits die Römer, die hier einige Gutshöfe betrieben.*

Auf unserem Schotterweg erreichen wir, alle Abzweige rechts und links liegen lassend, durch einen Wald die **Sondermoninger Straße,** die uns rechts nach **Nußdorf** bringt. Unmittelbar nach dem Ortsschild fahren wir links in die **Strohmaierstraße** und kommen zu einer T-Kreuzung **(Waldhofstraße),** wo wir links und sofort wieder rechts ein Wirtschaftsgebäude umfahren. Kurz vorm Ortsende biegen wir nach rechts auf einen Schotterweg. Er leitet uns an der 1491 eingeweihten **Kirche St. Laurentius** im ummauerten Friedhof vorbei geradewegs zum **Dorfplatz,** um den sich Rathaus, Feuerwehrhaus sowie das Bürger- und Vereinsheim scharen. Beim Maibaum biegen wir in die **Wanger Straße** ab, die im weiteren Verlauf in die Straße **Baumgarten** und über eine Kreuzung hinweg in den

Feldschneideweg übergeht. Er setzt sich nach dem Gewerbegebiet am Ende der Siedlung als Rad- und Fußweg fort.

__Traunstein,__ im Jahr 245 erstmals urkundlich erwähnt, bekam im 14. Jahrhundert seinen „Ritterschlag": Die Wittelsbacher erhoben den Ort zur Stadt. Das war der Startschuss für den Salzhandel und Aufschwung Traunsteins.

Kurz darauf ignorieren wir an einer Kreuzung den Radwegweiser, der nach rechts weist, und radeln geradeaus durch den Wald. Wir bleiben auf dem Hauptweg und unterqueren sodann die Bundestraße (B 304) und eine Eisenbahnbrücke. Nach dem Gewerbegebiet **Weiderting** folgen wir dem Radwegweiser nach rechts Richtung **Traunstein** und **Empfing.**

Nach rund 800 Metern halten wir uns an einer Weggabelung rechts, überqueren die B 304 und biegen an der nächsten Weggabelung (den Radwegweiser ignorieren wir) nach links. An der folgenden T-Kreuzung radeln wir nach links auf eine asphaltierte Straße, die wir bei der zweiten Möglichkeit nach rechts auf einen Waldweg verlassen. Der verläuft oberhalb eines Steilhangs, von dem aus wir an einer mit Geländer gesicherten Stelle seitlich im Tal die Traun sehen, und bringt uns geradeaus über einen schmalen, ansteigenden Kiesweg an Wohnhäusern vorbei zur Straße **Haidforst.** Wir fahren links über die Haidforst geradeaus auf die **Göllstraße.** An deren Ende biegen wir rechts auf die **Kienbergstraße** ab und treffen auf die querende Wasserburger Straße. Dort geht es nach links und gleich wieder links den **Empfinger Hohlweg** zur Traun hinunter. Unmittelbar vor der Traunbrücke biegen wir rechts auf den Traundamm ab. Wir passieren die **6 Augenkapelle.** Dort sprudelt ein Quellbach, dessen Wasser heilende Wirkung für die Augen haben soll. Wo links ein Weg über eine Fußgänger- und Radlerbrücke abzweigt, halten wir uns rechts, radeln kurz darauf an einer Kneipp- und Sportanlage mit Tennisplätzen vorbei. Vor dem Eisenbahnviadukt fahren wir an einer T-Kreuzung rechts den Hang hinauf zur **Wasserburger Straße.** Hier waren wir auf dem Hinweg schon. Jetzt geht es nach links und nach der Bahnunterführung rechts zum Bahnhofsplatz zurück.

Blick auf Klobenstein und Traun

Ising
Hart
304
Aiging
Stöttham
Sondermoning
Nußdorf
Chieming
St2095
Chiemsee
St2096
Wolkersdorf
Empfing
Traun
Ettendorf
Erlstätt
Chiemseestraße
Traunstorf
P
Traunstein
306
Haslach

ALLES AUF EINEN BLICK

Entspannung
Abenteuer
Vielfalt

WIE & WANN

Asphaltierte Haupt- und Nebenstraßen, Wirtschafts-, Wald-, Damm- und Radwege; ideal April bis Oktober.

HIN & WEG

Auto: Parken auf den Nebenstraßen in der Nähe des Bahnhofs, 83278 Traunstein
ÖPNV: Bahnhof Traunstein

ESSEN & ENTSPANNEN

2 **Traditionswirtshaus Kraimoos,** Kraimoos 11, 83355 Grabenstätt, Tel. (0 86 64) 2 88, www.traditionswirtshaus.de
4 **Beim Wegmacher,** Strandweg 4, 83339 Chieming, Tel. (01 60) 4 03 23 74, www.beim-wegmacher.de

ENTDECKEN & ERLEBEN

1 **Bildstock**
3 **Ehemaliges Haus der Familie Nadolny** in Chieming
5 **Panorama** bei Sondermoning
6 **Augenkapelle** am Traundamm in Traunstein

Bärnseer Moor

Über Aschau nach Urschalling

Die mit Abstand meisten Besucher, die den Chiemsee bereisen, landen früher oder später am Hafen der Chiemsee-Schifffahrt in Prien-Stock. Und weil die Schiffe von hier aus ganzjährig ablegen, ist eigentlich immer viel los. Also sehen wir zu, dass wir diesem Tourismusmagneten schnell den Rücken kehren.

*Die **Flotte** der Chiemsee-Schifffahrt umfasst 13 Passagierschiffe, ein Arbeitsschiff und ein Passagierschiff der Schifffahrt Gstadt. Die Ablegestelle Prien-Stock dient für Fahrten zur Herren- und Fraueninsel sowie Rundfahrten.*

Wir verlassen den Parkplatz auf die **Harrasser Straße,** die uns am ❶ **Kletterwald Prien** (rechts) und ❷ **Badeplatz Schraml** (links) vorbei zum Abzweig der **Ernsdorfer Straße** bringt. Dort folgen wir dem Radwegweiser auf einen schmalen Rad- und Fußweg, der sich durchs Harrasser Moos schlängelt. Das Niedermoor wurde erst Mitte des 20. Jahrhunderts trockengelegt, heute erntet man hier Heu und Mais. Die von gelb und rot blühenden Blumen durchzogenen Streuwiesen sehen so saftiggrün aus, dass wir uns am liebsten hineinlegen würden, um die wärmende Sonne und den Blick auf die Kampenwand zu genießen.

Bald darauf entlässt uns der Weg wieder auf die asphaltierte **Harrasser Straße.** Kurz nach dem Ortsausgangsschild von Prien zeigt uns eine auf dem Asphalt aufgetragene Fahrradmarkierung an, dass wir nach links abbiegen müssen. Der Radwegweiser lenkt uns über einen Parkplatz auf einen für Pkw und Motorräder gesperrten Wirtschaftsweg Richtung **Übersee** und **Bernau-Felden.** Wir passieren erst ein von Gräsern dicht bewachsenes, fast verdecktes Bächlein, den Harrasser Moosgraben, dann über eine Holzbrücke den deutlich breiteren Mühlbach. Kurz darauf überqueren wir die Kreu-

Kilometer: 26
Höhenmeter: 300
Stunden: 3
RUNDTOUR

Bernauer Achen

zung (Radwegweiser **Übersee** und **Bernau-Felden**), an der es links zum ❸ **Badeplatz Schöllkopf** geht. An den folgenden zwei Weggabelungen und Abzweigungen halten wir uns stets links, schlagen dabei einen großen Bogen um den Irschener Winkel, den einzigen zum Landkreis Rosenheim gehörenden Teil der Wasserfläche des Chiemsees, der Rest gehört zum Landkreis Traunstein. Der Uferweg ist immer wieder von großen Schilf- und Röhrichtbeständen flankiert. Auf einer Holzbrücke überqueren wir die Bernauer Achen, die in den Chiemgauer Alpen entspringt und im Irschener Winkel ins Bayerische Meer mündet. An der darauffolgenden T-Kreuzung fahren wir rechts durch eine Birkenallee im spitzen Winkel auf die Autobahn (A 8) zu, die wir unterqueren, und biegen dann am Vorfahrt-achten-Schild an einer Brücke rechts auf die **Chiemseestraße** ab. Die nächsten 2,5 Kilometer bringen uns auf dem schnellsten Weg durch **Bernau am Chiemsee.** Erst geht's leicht ansteigend bis zu einer T-Kreuzung in der Ortsmitte. Zur Linken steht auf einer Anhöhe die Pfarrkirche St. Laurentius, die den Luftkurtort am Südufer des Chiemsees hoch überragt. Wir überqueren die Hauptstraße nach links, um kurz danach an einer beampelten Kreuzung nach rechts auf die **Aschauer Straße** einzuschwenken. Nach einem Kilometer, am Ende des geschlossenen Siedlungsbereichs, biegen wir nach rechts und radeln die **Donat-Osterhammer-Straße** hinauf. Vor dem letzten Haus fahren wir links auf einen weiter ansteigenden Wirtschaftsweg, der uns in einem weiten Halbkreis in den Wald führt – und 15 Höhenmeter später wieder daraus entlässt. Nun halten wir uns rechts, vor uns sehen wir die Handvoll Häuser und Höfe des ❹ **Weilers Reitham,** unser nächstes Etappenziel.

Für die Seele

Durch unberührte Moorlandschaften und entlegene Weiler geht es zum vielleicht schönsten Chiemseeblick.

Der auf einer Anhöhe von Wiesen umgebene und am Wald liegende Ort ist quasi eine verkehrsfreie

Zone. Die Aussicht auf die Berge und ins Tal ist phänomenal. Die Bauernhöfe blicken auf eine mitunter sehr lange Historie zurück: der Schusterhof etwa bis ins 16., der Paulihof bis ins 15. und der Thaurerhof sogar bis ins 14. Jahrhundert. In Reitham atmen wir nicht nur sehr gute Landluft, sondern buchstäblich auch Geschichte. Und entspannt urlauben kann man hier auch, Schusterhof und Thaurerhof bieten Ferien auf dem Bauernhof an.

Im Ortskern wenden wir uns nach links, folgen dem Wegweiser Richtung **Bärnsee,** um nach knapp 100 Metern rechts in einen Wirtschaftsweg (Wegweiser Bärnsee) abzubiegen. Alle Abzweige ignorierend navigieren wir auf dem ansteigendem Hauptweg durch Grünland und einen Wald in den Weiler **Spöck.** An einer T-Kreuzung fahren wir links auf eine asphaltierte Straße und verlassen diese nach einer lang gezogenen, abschüssigen S-Kurve nach rechts auf einen Wirtschaftsweg. Ein Schild informiert uns, dass wir uns ab jetzt im **Landschaftsschutzgebiet Bärnsee** bewegen. Kurz darauf biegen wir am Wegweiser **Cafe Pauli** und **Moorschwimmbad** nach links ab. Wir fahren auf einem schmalen Weg – mal Schotter, mal Holzbohlen –, von nahezu unberührter Moorlandschaft umgeben. Den Bärnsee selbst bekommen wir allerdings noch nicht zu Gesicht, er liegt zu unserer Rechten hinter

Blick auf den Weiler Reitham

Natur-Moor-Freischwimmbad Aschau

meterhohem Schilf verborgen. Nach einer 90-Grad-Kurve (Wegweiser **Höhenberg** und **Moorschwimmbad**) bleiben wir rund 1 Kilometer auf dem Hauptweg, lassen alle Abzweige rechts und links liegen, bis vor uns die doppeltürmige Kirche „Zur Darstellung des Herrn“ über den ersten Dächern von Aschau zu sehen ist. Dort fahren wir rechts und folgen den Wegweisern Richtung **Moorbad** und **Cafe Pauli.** Vorbei an Streuwiesen, einem Moorgraben, in dem das Wasser dunkelbraun steht, und einem Laubengang aus Weiden erreichen wir das **5 Natur-Moor-Freischwimmbad Aschau,** das sich inmitten einer großzügigen Liegewiese befindet.

Auf ein Erfrischungsbad verzichten wir zwar, doch eine erfrischende Schorle am **Kiosk** muss sein. Unseren Kreislauf stimulieren wir anschließend in der **Kneippanlage** nebenan. Das Besondere: Sie bezieht ihr Wasser aus zwei ineinanderfließenden, unterschiedlich temperierten und unterschiedlich gefärbten Bächen: Braunes, warmes Moorwasser mischt sich mit klarem, kühlem Bergwasser.

Mit spürbar gekühlten Waden steigen wir wieder in die Pedale und radeln nach einem Parkplatz rechts

*Das **Natur-Moor-Freischwimmbad Aschau** ist 1 Meter tief und wird aus dem Bärnsee im benachbarten Landschaftsschutzgebiet gespeist. Das Naturbad wurde Ende des 19. Jahrhunderts eröffnet, viel von seinem ursprünglichen Charme hat es sich bis heute erhalten.*

Steg durchs Moor am Bärnsee

*Der aus Seequellen und Quellhangmooren gespeiste **Bärnsee** ist der Rest eines nacheiszeitlichen Stausees des Prien-Gletschers. Auf engstem Raum sind verschiedene Moortypen vereint. Um das Kleinod zu schützen, darf man nur gekennzeichnete Wege benutzen.*

die asphaltierte Straße hoch und links am 6 **Cafe Pauli** vorbei. Der Familienbetrieb besteht seit 1949 und kredenzt seinen Gästen auf der Sonnenterrasse nicht nur hausgemachte Kuchen, sondern auch einen unverstellten Blick auf Aschau und Schloss Hohenaschau, die Chiemgauer Berge und ins Priental.

Vorbei an einer um 1700 gebauten Feldkapelle, die von Erlen mit dichtem Blätterdach flankiert wird, erreichen wir nach einem Anstieg den Aschauer Ortsteil **Höhenberg,** den wir geradeaus durchfahren. Am Ortsausgang orientieren wir uns an einem Anlieger-frei-Schild rechts (Wegweiser **Spöck, Bärnsee, Bernau**) und kommen über einen Wiesenweg zum Waldrand. Wir steigen ab, weil der nun beginnende Schotterweg ein starkes Gefälle hat. Im Wald halten wir uns an den nächsten beiden Gabelungen erst links, dann rechts und gelangen an einen Holzbohlenweg, der uns – wir schieben die Räder – mitten durch die Moorlandschaft führt. Nach einer Holzbrücke nimmt uns ein ansteigender Wiesenweg auf. Von hier aus sehen wir zum ersten Mal den 7 **Bärnsee.**

Am Waldrand entlang gelangen wir zu einer T-Kreuzung. Dort halten wir uns links und landen wieder in **Spöck.** An einer weiteren T-Kreuzung – keine 50 Meter von der Stelle entfernt, wo wir einige Zeit zuvor links zum Bärnsee abgebogen sind – fahren wir links durch Grünland den Hügel hinunter, um an einem Vorfahrt-achten-Schild nach rechts (Wegweiser nach **Pfaffing** und **Hittenkirchen**) wieder aufwärts zu radeln. Ein Stück weit geht's neben der Autobahn (A 8) her, die wir auf der Kuppe nach links überqueren. Schnurgerade geht es jetzt durch **Pfaffing** hindurch nach **Kothöd.** Auf halber Strecke steht, hinter einem Baumstamm versteckt, eine historische Grenzsäule aus Granit mit Rotmarmor-Aufsatz von 1547. Sie markierte seinerzeit die Grenze zwischen den Gerichten Wildenwart und Hohenaschau. Noch zwei weitere Säulen dieser Art sind laut einer Infotafel erhalten.

Wir durchfahren Kothöd Richtung **Hittenkirchen.** In Sichtweite des Ortsschildes werden wir mit einem der schönsten **8 Ausblicke auf den Chiemsee,** die Herreninsel und die Chiemgauer Alpen belohnt.

Auf der **Erlachstraße** radeln wir ins Dorf und biegen halb rechts auf die **Hittostraße** ab, die uns um die St.-Bartholomäus-Kirche herum an einer T-Kreuzung nach rechts auf die **Kumpfmühlstraße** (Kreisstraße RO 23) entlässt. Nach gut 100 Meter biegen wir links

Bärnsee

St. Jakobus in Urschalling *ist ein romanisches Kleinod. Der Zwiebelturm von 1711 ist rund 500 Jahre jünger als das Kirchengebäude, das einst Teil einer längst verschwundenen Burganlage war. In der Kirche sind mittelalterliche Fresken zu bewundern.*

Zwischen dem Bahnhof Prien und dem Hafen Stock verkehrt im Sommer die älteste ***Dampfstraßenbahn*** *der Welt (wenn auch teilweise mit Diesellok). Die denkmalgeschützte Schmalspurbahnstrecke misst exakt 1,91 Kilometer, die Fahrt dauert etwa 8 Minuten.*

auf die **Urschallinger Straße** ab (Wegweiser **Urschalling** und **Schmieding**). Nach einer kurzen Waldpassage halten wir uns an der Weggabelung rechts und radeln auf den Kirchturm der romanischen **9 Kirche St. Jakobus** zu, der die Dächer Urschallings überragt.

Jetzt rollen wir die **Urschallinger Straße** hinunter und biegen an einer T-Kreuzung links auf den Radweg neben der **Bernauer Straße** ab. Nach einer Bahnbrücke überqueren wir die Straße an der Ampelanlage und setzen unsere Fahrt auf der **Hochriesstraße** fort. An einer Kreuzung halten wir uns rechts und unterqueren auf der **Spitzsteinstraße** die Bahnlinie. An der nächsten Straßenkreuzung radeln wir geradeaus auf den **Lommelweg.** An dessen Ende steuern wir links in die **Dr.-Otto-Eyrich-Straße,** die uns zur **10 Evangelischen Christuskirche Prien** bringt, ein Achteckbau mit Zeltdach, Zwiebelhaubenturm und Vorhalle. An der Kirche geht's links auf die **Martin-Luther-Straße,** der wir nach wenigen Metern nach rechts bis zum **Kirchenweg** folgen. Dort fahren wir links zur **Jensenstraße,** auf die wir rechts einscheren und die später nahtlos in die **Franziska-Hager-Straße** übergeht. Neben einer kleinen Grünanlage treffen wir auf die **Seestraße.** Wir radeln rechts, am **Ludwig-Thoma-Gymnasium** vorbei. Eine Büste erinnert an den bekannten bayerischen Schriftsteller, der hier die Schulbank drückte. Sodann passieren wir **11 Feinkost Kunz,** in dessen Metzgerei (eigene Schlachtung) und Bistro es lukullische Schmankerl gibt. Nach einer Rechtskurve biegen wir links auf die Straße **Stauden** ab und verlassen sie unmittelbar nach den Schmalspurgleisen der Chiemsee-Bahn wieder nach rechts auf den **Eschenweg.** Wir bleiben nun bis zum Parkplatz in Prien-Stock neben den Gleisen, wechseln lediglich zweimal die Seite, einmal via **Birkenstraße,** dann beim Parkplatz, unserem Ausgangspunkt. Dort werden wir zufällig von der abfahrenden Chiemsee-Bahn mit einem lauten Signalton begrüßt – das kann aber auch Einbildung gewesen sein.

St. Bartholomäus in Hittenkirchen

Prien
Seestraße
Gries
Ernsdorf
Trautersdorf
Bachham
Bach
Harras
Harrasser Straße
Herrenchiemsee
Chiemsee
Urschalling
Weisham
Hittenkirchen
Priener Straße
Irschen
Giebing
Kothöd
8
305
Bernau
Spöck
Bärnsee
Höhenberg
Aschau am Chiemgau

ALLES AUF EINEN BLICK

Entspannung
Abenteuer
Vielfalt

WIE & WANN

Asphaltierte Haupt- und Nebenstraßen, Schotter-, Wirtschafts-, Wald-, Bohlen und Radwege; ideal April bis Oktober.

HIN & WEG

Auto: Parkplatz Hafen Stock, Osternacher Straße 120, 83209 Prien am Chiemsee
ÖPNV: Bahnhof Prien am Chiemsee; Einstieg in die Tour an der Franziska-Hager-Straße (über den Ausgang zur Chiemseebahn)

ESSEN & ENTSPANNEN

5 **Kiosk Moorbadeplatz** Aschau im Chiemgau, 83229 Aschau im Chiemgau
6 **Cafe Pauli,** Höhenberg 3, 83229 Aschau im Chiemgau, Tel. (0 80 52) 9 07 40, www.cafe-pauli.de
11 **Feinkost Kunz,** Seestraße 28, 83209 Prien am Chiemsee, Tel. (0 80 51) 43 04, www.feinkost-kunz.de

ENTDECKEN & ERLEBEN

1 **Kletterwald Prien am Chiemsee,** Harrasser Straße 39, 83209 Prien am Chiemsee, Tel. (0 80 51) 9 65 08 85, www.kletterwald-prien.de
2 **Badeplatz Schraml,** www.tourismus.prien.de/erlebnisse/badeplatz-schraml
3 **Badeplatz Schöllkopf**
4 **Weiler Reitham**
5 **Natur-Moor-Freischwimmbad Aschau,** www.aschau.de/moorbad
7 **Bärnsee**
8 **Chiemseeblick** bei Hittenkirchen
9 **Kirche St. Jakobus,** Urschalling 4, 83209 Prien am Chiemsee
10 **Evangelische Christuskirche,** Kirchenweg 13, 83209 Prien am Chiemsee

Museum Salz & Moor

Stiller Süden

Kendlmühlfilzen & Tiroler Achen

Auf dieser Tour stehen zwei Naturschauspiele auf dem Programm: die Tiroler Achen, der größte Zufluss des Chiemsees, und das Naturschutzgebiet Kendlmühlfilzen, ein Hochmoor, das mit Hacken- und Rottauer Filzen den Komplex der „Südlichen Chiemseemoore" mit zusammen 1800 Hektar bildet.

Wir können es kaum erwarten und starten vom Bahnhof Übersee mit dem Bahnhofsgebäude im Rücken nach rechts auf der **Bahnhofstraße.** Wir stoßen auf einen Kreisel, den wir bei der ersten Gelegenheit wieder auf die **Dorfstraße** (Radwegweiser **Zu den Radtouren**) verlassen. Nachdem wir uns bei **1 Eis Mamma Mia** mit zwei Kugeln im Hörnchen kalorienreich, aber köstlich für den Trip gestärkt haben, überqueren wir den Moosbach, der später als Überseer Bach den Chiemsee speist und dessen Mündung als Hafen ausgebaut ist. Im Wasser treiben dichte Büschel aus durchwachsenem Laichkraut in der Strömung. Das Grün der tänzelnden Unterwasserblätter lässt das Fließgewässer verwunschen wirken. Dahinter lugt zwischen zwei Laubkronen die neugotische Pfarrkirche St. Nikolaus hervor, die wegen ihrer Größe auch „Dom des Achentals" genannt wird.

Wir fahren weiter geradeaus über die Kreuzung auf die **Grassauer Straße,** die wir bei der ersten Gelegenheit nach rechts in eine kurze, namenlose Straße verlassen. An der T-Kreuzung biegen wir links auf den **Kirchweg** ein. Nach wenigen Metern geht es rechts in den schmalen asphaltierten Rad- und Fußweg **Gemeindefriedhof.** Er bringt uns zur Ringstraße,

*Der **Süden des Chiemsees** war schon immer kaum bewohnt, auch zu Römer- und Keltenzeiten. Die Flusstäler (Tiroler Achen und Prien), die Moore, die seinerzeit weitläufiger waren, und die steilen Berghänge waren nicht für eine Besiedlung geeignet.*

Kilometer: 29

Höhenmeter: 250

Stunden: 3

RUNDTOUR

Am Überseer Bach

die wir – Vorfahrt achten! – überqueren und wo wir in die **Hocherlacher Straße** radeln. An der ersten Weggabelung folgen wir dem Radwegweiser nach links, an der zweiten nach rechts auf die **Wessener Straße** Richtung **Rottau.** Während wir am Waldrand entlangfahren, passieren wir erst den Weiler **Schließpoint,** dann die Einöde **Angerling.** Die leicht ansteigende, asphaltierte Straße ist jetzt nur noch für land- und forstwirtschaftliche Fahrzeuge frei und lenkt uns in den Wald. An einer T-Kreuzung radeln wir nach rechts (Radwegweiser **Rottau, Prien** und **Bernau-Felden**), der Straßenbelag wechselt von Asphalt zu Schotter. Kurz darauf treffen wir auf eine Weggabelung, an der wir uns links halten müssen. Rechts beginnt der Sicherheitsbereich der Justizvollzugsanstalt Bernau, unübersehbar durch ein großes Stop-Zeichen markiert. Auch in unsere Fahrtrichtung befindet sich ein Schilderwald. Da steht ein Verbotsschild für Reiter, eine Warnung vor querenden Kühen sowie ein Hinweis auf ein starkes Gefälle von 18 Prozent, ergänzt um die Aufforderung „Radfahrer absteigen". Wir sind folgsam und schieben die Räder ein kleines Stück bergab. Eine gute Entscheidung, zumal der der schottrige Untergrund wenig Halt bietet. Durch den Rest des Waldes begleiten uns wiederholt Radwegweiser. Sie leiten uns sicher ins offene Grünland mit Blick auf die zum Greifen nahe Kampenwand und weiter bis zum denkmalgeschützten **2 Museum Torfbahnhof.**

Für die Seele

Die wohltuende Stille des Moors und der gleichmäßige Fluss der Tiroler Achen streicheln unsere Seele.

Das ehemalige Torfwerk mit der einzigen noch funktionierenden Torfballenpresse Europas (Baujahr 1933) wird von ehrenamtlichen Bürgern betrieben, die sich im Museumsverein Torfbahnhof Rottau e. V. organisiert haben. Mit seinen 17 Metern Höhe hinterlässt der Torfbahnhof, ein Holzbau aus dem Jahr 1920/1932, mächtig Eindruck. Eine besondere Attraktion: Die Museumsführung endet mit einer Fahrt in

*Bis 1985 wurde im Hochmoor Kendlmühlfilzen in großem Stil Torf abgebaut. Im Zuge dessen baute man 1920 an der Bahnlinie München–Salzburg ein Torfwerk, das bis 1988 in Betrieb war. Heute beherbergt der sogenannte **Torfbahnhof** Exponate aus dieser Zeit.*

Am Museum Torfbahnhof

der Feldbahn übers einstige Werkgelände. Überall auf dem Gelände liegen Werkzeuge, Schütten und Schienenstränge herum, an denen der Zahn der Zeit nagt. Gras überwuchert die einst verlegten Schmalspurgleise und Weichen, wodurch die Szenerie eine besondere Ruhe ausstrahlt, zugleich aber eine wehmütige Note bekommt.

Auf der **Hackenstraße** verlassen wir das Museumsareal Richtung **Marquartstein** und **Rottau.** Der ebene Weg markiert die Grenze zwischen Hacken- und Rottauer Filzen (rechts) sowie Kendlmühlfilzen (links).

In der Ortsmitte des 1175 erstmals urkundlich erwähnten Dorfs **Rottau,** das als bienenfreundlichste Gemeinde Oberbayerns gilt, biegen wir an der T-Kreuzung am **Kirchplatz** links ab (Radwegweiser **Marquartstein** und **Grassau**). An Marienbrunnen und St.-Michael-Kirche vorbei gelangen wir direkt auf die **Kreuzstraße,** die wir nach einer Rechtskurve auf den schmalen und schottrigen, für land- und forstwirtschaftlichen Verkehr freien **Hacklweg** (Radwegweiser) nach links verlassen. Wir passieren eine ❸ **Biberburg** am Zugang des **Moorerlebniswegs.** Gleich darauf stoßen wir auf eine Holzbrücke, die über den Grießenbach führt. Vor der Brücke halten wir uns links und fahren immer geradeaus – erst am Wald entlang, dann durch eine Siedlung und erneut durch Baumbestand. An einer T-Kreuzung biegen wir links (Radwegweiser) auf den **Steinbrückweg,** der uns zu einem Besucherparkplatz und unmittelbar danach schnurgerade in die Kendlmühlfilzen (gelber Wanderwegweiser Richtung **Aussichtsplattform**) bringt. Nach etwa 1 Kilometer schlägt der Weg eine 90-Grad-Rechtskurve, wo wir uns auf einer ❹ **Aussichtsbank** niederlassen. Vor uns breitet sich das Hochmoor wie ein überdimensionierter Teppich aus – nicht ganz Wasser, nicht ganz Erde, sondern irgendetwas dazwischen. Der Boden unter unseren Füßen fängt bei jeder Bewegung ganz leicht zu schwanken an, wie ein naturgewachsenes Wasserbett. Fast ursprünglich mutet die karge, ja spärliche Vegetation an. Gräser und niedriges Strauchwerk dominieren, hie und da leuchten schwarz-weiße Rindenkleider von Birken auf, weiter hinten begrenzt Moorwald den umherschweifenden Blick. Und dahinter reckt ein Teil der Chiemgauer Alpen felsige Gipfelfalten in die Luft. Nicht das geringste Geräusch ist zu hören. Eine wohltuende Stille scheint überm Moor zu schweben. Purer Balsam für die Seele.

Wir radeln weiter durchs Moor bis zur nächsten T-Kreuzung. Links geht's, wenn man will, über den gemulchten Ewigkeitsweg knapp 500 Meter zum ❺ **Aussichtsturm,** der einen erhöhten Blick über die Kendlmühlfilzen erlaubt.

Unser Hauptweg führt aber an dieser Stelle rechts. Schon bald lassen wir das Hochmoor hinter uns. Sodann überqueren wir die Brücke über den Hindlingerbach und gelangen auf der **Moosbacher Straße** nach

*Die **Kendlmühlfilzen** gehört mit 900 Hektar zu den größten und wertvollsten Hochmooren im süddeutschen Raum. Ihr Kerngebiet blieb bis heute von menschlichen Einflüssen verschont und weist nahezu die ursprüngliche Oberflächenform und Pflanzendecke auf.*

*Der **Kirchplatz** vor der Pfarrkirche Mariä Himmelfahrt in Grassau diente im Mittelalter als Gerichts- und Richtstätte. Hier fand die Rechtsprechung unter freiem Himmel vor aller Augen statt. Auch wurde dort einmal im Jahr das Gesetzbuch vorgelesen.*

Obermoosbach. An einer T-Kreuzung fahren wir rechts in Richtung der Ortsmitte von Grassau. In Sichtweite von Grassaus Kirche Mariä Himmelfahrt macht die Moosbacher Straße eine Linkskurve, von rechts mündet die Theodor-von-Hötzendorff-Straße ein. Hier fahren wir geradeaus in den **Dr.-Franz-Zech-Weg,** auf die Kirche zu. Zwischen Metzgerei Kuba (links) und ❻ **Gasthof zur Post** (rechts) treffen wir am ❼ **Kirchplatz** auf die Bundesstraße 305, die Bernau mit Marktschellenberg nahe Salzburg verbindet und mitten durch Grassau führt.

Wir überqueren die Straße und stellen die Räder am Haus der Tourist-Info ab. Der kleine Vorplatz ist liebevoll mit in Dirndln gekleideten Strohpuppen gestaltet. Seitlich steht der massive ❽ **König-Ludwig-II.-Brunnen** mit einem wasserspeienden Löwen und der Büste des bayerischen Königs in einer Nische. Eine Infotafel erklärt, dass der Brunnen 1912 als Kriegerdenkmal für die Gefallenen der Kriege 1866 und 1870/71 errichtet wurde. Und dass sich an dessen Rückseite ein Holzkreuz befindet, das lange Jahre im Starnberger See an der Stelle stand, an der König Ludwig II. 1886 ums Leben kam.

Wieder auf dem Rad, fahren wir an der Kirche und dem kleinen Kurpark Grassau vorbei zum **Kirchenweg.** Dort biegen wir nach links und gleich wieder nach rechts auf die **Ortenburger Straße.** Nach wenigen Metern steht am Straßenrand ein beachtenswertes Fronleichnamsstöckl. Es wurde vor über 200 Jahren an dieser Stelle errichtet, exakt: 1794. Knapp 400 Meter weiter biegen wir rechts in die **Tschermser Straße** und an der ersten Kreuzung links in den **Kirchenweg** ein. Wir gelangen auf einen Feldweg und über diesen parallel zum Grassauer Bach zur Grassauer Straße. Die überqueren wir und fahren auf einem schmalen Wiesenweg weiter. An einer Gabelung halten wir uns links, treffen bald auf die Straße **Am Wetterkreuz,** die bereits zu **Marquartstein** gehört, und fahren rechts bis

In den Kendlmühlfilzen

Blick ins Achental

zu einer T-Kreuzung. Hier radeln wir links auf die **Loitshauser Straße** ortseinwärts. Wir passieren die Kirche Zum Kostbaren Blut und das Rathaus, in dem auch die Tourist-Info residiert, und treffen gleich darauf auf die Bundestraße (B 305). Nun orientieren wir uns nach links und fahren auf der Bundesstraße bis zum Norma-Markt, an dem wir rechts auf die **Hochlerchstraße** wechseln. Weil es extrem heiß ist und unsere Wasservorräte allmählich aufgebraucht sind, besorgen wir uns im Discounter gekühlten Nachschub. Wieder im Sattel, bringt uns die Hochlerchstraße zu einer **9 Fuß- und Radwegbrücke,** eine 80 Tonnen schwere und 60 Meter lange Stahlkonstruktion, die uns auf die andere Seite der Tiroler Achen befördert.

Hier wenden wir uns nach links und radeln tiefenentspannt den auf der Dammkrone verlaufenden Radweg entlang – 6,5 Kilometer lang immer geradeaus, stets in Ufernähe und von Radwegweisern geleitet. Lediglich auf Höhe des Pfarrdorfs Staudach sorgt die Bahnhofstraße für eine Unterbrechung. Wir überqueren sie, halten uns auf dem **Erlenweg** ganz links und landen ruckzuck wieder auf der Dammkrone. Unterwegs laden wiederholt Sitzbänke zum Verweilen ein.

Der Dammweg endet an einer T-Kreuzung, wo wir nach links fahren und über eine Brücke aufs andere Ufer der Tiroler Achen wechseln. Nach der Brücke scheren wir rechts wieder auf den Dammweg ein, verlassen ihn jedoch in Höhe der nächsten Fußgängerbrücke nach links Richtung **Feldwies** und **Übersee** in ein Waldstück. Im Wald lenkt uns ein weiterer Radwegweiser nach rechts auf einen Wirtschaftsweg. Der trifft auf eine T-Kreuzung, an der wir (den nach rechts zeigenden Radwegweiser ignorierend) nach links auf den asphaltierten Weg **Obermoosen** abbiegen. Wir gelangen zur Staatsstraße (St 2096). Dort wenden wir uns nach rechts und verlassen den folgenden Kreisel auf die **Bahnhofstraße,** die uns wieder zum Ausgangspunkt unserer Tour bringt.

Chiemsee
8
Feldwies
Latschenfleck
Moosbac
Übersee
Grassauer Straße
Kendlmühlfilzen
Mietenkam
Rottau
Moosbach
St2096
Tiroler Achen
Staudach
Grassau
305
Pettendorf
Marquartstein
305
307
1
2
3
4
5
6
7
8
9

ALLES AUF EINEN BLICK

Entspannung
Abenteuer
Vielfalt

WIE & WANN

Asphaltierte Haupt- und Nebenstraßen, Schotter-, Wirtschafts-, Wiesen- und Radwege; ideal April bis Oktober.

HIN & WEG

Auto: Parkplatz Bahnhofstraße, 83236 Übersee
ÖPNV: Bahnhof Übersee

ESSEN & ENTSPANNEN

1 **Eis Mamma Mia,** Dorfstraße 9, 83236 Übersee, Tel. (01 76) 47 62 19 02
6 **Gasthof zur Post,** Kirchplatz 8, 83224 Grassau, Tel. (0 86 41) 6 99 84 80

Abseits der Route empfehlenswert:
Wirtshaus D'Feldwies, Greimelstraße 30, 83236 Übersee, Tel. (0 86 42) 59 57 15, www.wirtshaus-feldwies.de

ENTDECKEN & ERLEBEN

2 **Museum Torfbahnhof,** Bayerisches Moor- und Torfmuseum, Hackenstraße 180, 83224 Rottau, Tel. (0 80 51) 9 63 70 64, www.museum-torfbahnhof.de
3 **Biberburg am Moorerlebnisweg**
4 **Aussichtsbank Kendlmühlfilzen**
5 **Aussichtsturm Kendlmühlfilzen**
7 **Kirchplatz Grassau**
8 **König-Ludwig-II.-Brunnen**
9 **Fuß- und Radwegbrücke Marquartstein**

MÜLLER
Bank

Karibik & Moor

Von Traunstein ins Bergener Moos

Wir starten in Traunstein, dem Herzen des Chiemgaus, wie manche es nennen. Und zwar direkt vorm Bahnhof am Bahnhofsplatz. Doch bevor wir in Richtung Bahnhofstraße losradeln, verpasst uns die Stadt in Oberbayern erst einmal einen ordentlichen Schuss Südsee-Feeling. Der ❶ **Rundbrunnen,** in dem bis 2020 noch Wasser floss, ist seither mit Sand gefüllt. Klappstühle, Sonnenschirm und Palmen simulieren eine karibische Atmosphäre. Fehlen eigentlich nur noch Lautsprecher, aus denen der Bacardi-Song mit dem „Summer Dreamin'" in Wellen ans Ufer der urbanen Wohlfühlinsel platscht.

Kaum sitzen wir im Sattel, steht vor uns die meterhohe ❷ **Bronzefigur „Verkünder" von Heinrich Kirchner** mit ausgestreckter Hand, als wollte sie mitteilen: „Seht und genießt!" Recht hat die Skulptur, und weiter geht's die **Bahnhofstraße** hinunter. Wir überqueren die Herzog-Friedrich-Straße geradeaus und folgen dem Radwegweiser am Stadtpark nach rechts in die **Gapstraße.** Gap ist seit 1977 Traunsteins Partnerstadt in Frankreich. Bei der nächsten Gelegenheit biegen wir links in die **Wesselinger Straße** ab, die in die **Marienstraße** übergeht. An der nächsten T-Kreuzung fahren wir links auf die Straße **Maxplatz,** von der wir nach wenigen Metern an der Ampel wieder nach rechts abbiegen, womit wir auf dem Maxplatz bleiben. So kommen wir geradeaus am Museum ❸ **Heimathaus Traunstein** vorbei auf den ❹ **Stadtplatz,** das pulsierende Herz der Stadt, wie es im schönsten Tourismus-Sprech heißt.

__Traunstein__ ist eine Große Kreisstadt und Hauptort des Chiemgaus. Sie liegt in einer Schleife der Traun auf einem Hochufer. Der Fluss und die waldreichen Leitenhänge prägen das Stadtbild ebenso wie sonnige Wiesen, schöne Parkanlagen und bunte Gärten.

Kilometer: 28

Höhenmeter: 300

Stunden: 3

RUNDTOUR

An der Zuschreibung ist allerdings etwas dran. Obwohl wir recht früh unterwegs sind, geht es hier schon recht wuselig zu. Als einst der Salzhandel von Reichenhall nach München florierte, kam dem Stadtplatz eine große Bedeutung zu. Heute stehen ein halbes Dutzend Lokale wie das ❺ **Bräustüberl Hofbräuhaus Traunstein** oder ❻ **Cafe, Restaurant & Bar Lindl** für ihre Gäste im Stand-by-Modus. An sonnigen Tagen nehmen unzählige Tische und Stühle die Fläche in Beschlag. Gleich drei augenfällige Sehenswürdigkeiten mit hoher Instagrammability wetteifern um die Aufmerksamkeit der Passanten: Die Stadtpfarrkirche St. Oswald auf der einen Seite und am anderen Ende der nach einem Brand wiederaufgebaute Jacklturm, der im 14. Jahrhundert Teil der Stadtmauer war. Dazwischen der 1526 errichtete achteckige Lindlbrunnen, aus dessen Becken eine Säule mit einer Ritterfigur in mailändischer Rüstung ragt. Er erinnert an einen Stadthauptmann aus dem Bayerischen Erbfolgekrieg.

Für die Seele

Zwischen historischem Stadtplatz Traunstein und Traun-Ursprung radeln wir wie durch ein Bilderbuch.

*Der **Traunsteiner Stadtplatz** ist in seiner heutigen Form als Haupt-, Markt- und Schrannenplatz im 14. Jahrhundert unter Ludwig dem Bayern entstanden. Der Turm der barocken Stadtpfarrkirche St. Oswald, das Wahrzeichen Traunsteins, überragt die Bürgerhäuser.*

Doch bevor wir uns noch verlieren, radeln wir ans Ende des Stadtplatzes und scheren dort nach rechts in die **Mittlere Hofgasse** ein. Sie geht nahtlos in die Straße **Auberg** über, die anfänglich ein starkes Gefälle hat. Kurz vor der Talsohle biegen wir links beim Anliegerfrei-Schild in den **Seehuberweg** ab. Er bringt uns über den Mühlbach und die Traunerstraße (Vorfahrt achten!) geradeaus auf einen Rad- und Fußweg. Kurz darauf fahren wir nach rechts über eine Brücke, die uns nach einer Rechtskurve auf den Traundamm entlässt. Im weiteren Verlauf folgen wir dem Radwegweiser erst immer Richtung **Bergen** und **Siegsdorf,** später Richtung **Ruhpolding** und **Siegsdorf.** Entlang des gut 6 Kilometer langen Streckenabschnitts ist die Traun unser ständiger Begleiter.

Immer wieder laden uns Sitzbänke zum Verweilen ein. Wir passieren die Stelle des Zusammenflusses von

*Die **Traun** ist ein knapp 30 Kilometer langer Fluss, der nördlich von Siegsdorf entsteht. Unweit des Freibads Siegsdorf vereinigen sich Weiße Traun und Rote Traun zur Traun, die in Altenmarkt in die Alz mündet.*

Weißer und Roter Traun. Kurz darauf mündet der Traundamm am 7 **Freibad Siegsdorf** in den **Schwimmbadweg,** auf dem wir unter der Autobahnbrücke der A 8 hindurchtauchen und einen unbeschrankten Bahnübergang überqueren. An einer T-Kreuzung treffen wir auf die **Sportfeldstraße.** Wir halten uns links, biegen später halb links auf die **Haunertinger Straße** ab, die an der **Traunsteiner Straße** endet. Wir fahren rechts, und ab jetzt geht's aufwärts. Nach 150 Metern schwenken wir links auf die **Thannhäuserstraße** (Radwegweiser Richtung **Bergen** und **Bernhaupten**), überqueren eine Kreuzung geradeaus und biegen bei der darauffolgenden Weggabelung halb rechts in die ansteigende **Thalhamer Straße.** Schnell lassen wir die letzten Häuser Siegsdorfs hinter uns zurück. Wir bleiben auf dem asphaltierten Hauptweg, der uns durch Grünland, an

Malerischer Altbau in Rumgraben

einem Waldrand entlang und wieder durch offenes Grünland mit herrlichem Blick auf die östlichen Chiemgauer Alpen führt. An der T-Kreuzung überqueren wir die Kreisstraße **(TS 3)** nach links auf den Radweg Richtung **Bergen.** Wo der Radweg endet, bleiben wir auf der TS 3 und verlassen sie erst beim Betriebsgelände der **8 Aldelholzener Alpenquellen** nach rechts in die **St.-Primus-Straße** (Anlieger frei) Richtung **Primushof.**

Vorbei an Plätzen, auf denen Berge aus Leergutkästen in den Himmel wachsen, und dem Primushof, dem Bauernhof der Barmherzigen Schwestern vom heiligen Vinzenz von Paul, erreichen wir vor einem weiteren Hof eine Wegkreuzung. Wir wenden uns nach rechts und rollen an Weidewiesen und einzelnen Höfen vorbei auf dem **Ramberger Weg** nach **Bergen** hinunter. An der T-Kreuzung im Ort biegen wir rechts auf die **Bahnhofstraße** und gleich wieder links in den **Schwimmbadweg** ab. Der bringt uns, vorbei am **9 Freibad Bergen,** bis zu einem Klärwerk. Kurz darauf überqueren wir den Bergener Bach auf einer Brücke, nach der wir uns sofort rechts halten und stoppen. Neben einer Ruhebank steht eine Infotafel, die uns Wissenswertes über das Bergener Moos und die Chiemgauer Alpen vermittelt.

Dann geht's auf einem Schotterweg weiter, der, zunächst von Eschen begleitet, dem Bach nicht von der Seite weicht. Der folgenden 2-Kilometer-Etappe heften wir das Etikett **10 „Panorama de luxe"** an die virtuelle Brust. Wir radeln durch ein beeindruckendes Gemälde, bei dem Mutter Natur die Farben selbst gemischt und den Pinsel meisterlich geführt hat: Zur Rechten teilen Weidewiesen den Hang (Rumgrabener Leiten) in abgezirkelte Areale auf, zur Linken entfalten sich Streuwiesen (Freimoos) nach Lust und Laune. Hie und da stehen vereinzelt Stadel herum, warten mit ihren Gerätschaften geduldig auf die nächste Mahd. Weiter hinten begrenzen Wälder und kleinere Baumgruppen

Adelholzener Alpenquellen *gehört dem Orden der Barmherzigen Schwestern. In 116 Jahren bauten sie aus einer Heilquelle den Getränkeriesen, der 600 Millionen Flaschen im Jahr abfüllt. Im Besucherzentrum Wasserwelt erhalten Besucher Einblick in das Unternehmen.*

Das 400 Hektar große ***Bergener Moos*** *entstand nach dem Abschmelzen des Chiemsee-Gletschers in einer heute verlandeten östlichen Bucht des ursprünglich wesentlich größeren Ur-Chiemsees. Der zentrale Hochmoorbereich steht seit 1978 unter Naturschutz.*

die Sicht. Darüber ragen nur noch die unangefochtenen Gipfelkönige hinaus – seitlich die östlichen Chiemgauer Alpen, vor uns die markante Kampenwand mit ihren felsigen Kollegen. Wir sind mutterseelenallein auf weiter Flur. Die Ruhe, die über der Landschaft liegt, ist betörend, nur vom beständigen Zirpen der Grashüpfer und dem Knirschen des Splitts unter unseren Reifen untermalt. Und ganz nebenbei füllen sich auch noch unsere Energiespeicher auf. Gut so, denn gleich geht es wieder bergauf.

An einer T-Kreuzung fahren wir nach rechts über den Bergener Bach und dann wieder rechts (Wanderwegweiser Richtung **Bergen** über **Rumgraben**) die Anhöhe hinauf – erst durch den Weiler **Hautzenbichl** und an einer Weggabelung rechts nach **Rumgraben.** Während des Anstiegs werfen wir immer wieder einen seitlichen Blick hinunter ins Tal und werden mit einer famosen Aussicht übers Bergener Moos belohnt.

Wir passieren das Dorf und gelangen – immer auf dem Hauptweg bleibend – über **Rumgrabener Straße** und **Schlipfinger Straße** zur **Bahnhofstraße** in **Bernhaupten.** Dort lassen wir die **Nah-&-Gut-Filiale** links liegen, radeln die Straße bergauf und wenden uns auf der Kuppe nach links auf den Radweg neben der Staatsstraße **(St 2095)** Richtung **Traunstein** und **Vachendorf.** Wir überqueren die Bahnlinie München–Salzburg, fahren unter der Autobahnbrücke (A8) durch. Auf dem Radweg nähern wir uns **Vachendorf.** Der Ort wurde urkundlich erstmals im Jahr 790 erwähnt, seine Besiedlung reicht jedoch bis in die römische Zeit.

Wo der Radweg endet, wechseln wir die Straßenseite. Auf den ansteigenden Straßen **Am Iserbach** und **Am Spendenberg** treffen wir erneut auf die **Hauptstraße (St 2095),** unweit der **⑪ Kirche Mariä Himmelfahrt.** Diese datiert aus dem Ende des 17. Jahrhunderts, ihr markanter Turm ist aber noch älter.

Wir halten uns rechts und verlassen Vachendorf auf dem zunächst ansteigenden Radweg Richtung

Mariä Himmelfahrt in Vachendorf

Traunstein und **Axdorf** (Radwegweiser). Auch hier gilt: Je höher uns der Weg führt, desto malerischer der Blick nach hinten. Wir werden nicht müde, die Landschaft mit ihren Hügeln vor der Alpenkulisse zu betrachten. Dieses prachtvolle Bild geht unter die Haut – jedes Mal aufs Neue. Kurz nach dem Axdorfer Standort der Malteser in Traunstein biegen wir links auf die **Tinnertinger Straße** ab, bleiben dann immer geradeaus und gelangen zu einer T-Kreuzung an einem kleinen Waldstück. Wir folgen rechts dem gelben Wegweiser Richtung **Haslach** am Waldrand entlang und biegen nach einer Bolzwiese links in die **Lambergstraße.** An der **Kampenwandstraße** (T-Kreuzung) geht's schräg gegenüber auf der **Zwieselstraße** weiter, die im weiteren Verlauf in die **Hochfellnstraße** übergeht. Kurz vor der verkehrsreichen Chiemseestraße radeln wir rechts auf den **Bahnweg.** Am Bahndamm orientieren wir uns links und bleiben auf den Bahnweg. Sodann überqueren wir die Chiemseestraße. Über die **Permanederstraße** gelangen wir zu einer Gabelung und wechseln rechts auf die **Gabelsbergerstraße,** die wir nach links auf die **Jahnstraße** verlassen. Kurz darauf fahren wir nach rechts in die für Radfahrer freie Einbahnstraße **Theresienstraße** und rollen zum Bahndamm hinunter. Dort geht es links auf die **Güterhallenstraße** und an der folgenden T-Kreuzung rechts auf der **Herzog-Friedrich-Straße** durch eine Bahnunterführung. Danach bringt uns die **Bahnhofstraße** rechts an unser Ziel mit seiner Karibik-Atmosphäre.

Blick zurück nach Vachendorf

Erlstätt
Traunstein
Haslach
Marwang
Erlstätter Straße
Axdorf
Seiboldsdorf
Vachendorf
St2105
Traundorf
Traun
Bernhaupten
Siegsdorf
Bergener Bach
Bad Adelholzen
Bergener Moos
Bergen
Weiße Traun
Eisenärzt
306
8

ALLES AUF EINEN BLICK

Entspannung
Abenteuer
Vielfalt

WIE & WANN

Asphaltierte Haupt- und Nebenstraßen, Dammweg, Wirtschafts- und Radwege; ideal April bis Oktober.

HIN & WEG

Auto: Parken auf den Nebenstraßen in der Nähe des Bahnhofs, 83278 Traunstein
ÖPNV: Bahnhof Traunstein

ESSEN & ENTSPANNEN

5 **Bräustüberl Hofbräuhaus Traunstein,** Stadtplatz 20, 83278 Traunstein, Tel. (08 61) 43 79, www.braeustueberl-traunstein.de
6 **Cafe, Restaurant & Bar Lindl,** Stadtplatz 21, 83278 Traunstein, Tel. (08 61) 9 09 89 58, www.lindl-traunstein.de

ENTDECKEN & ERLEBEN

1 **Rundbrunnen** am Bahnhofsplatz Traunstein
2 **Bronzeskulptur „Verkünder" von Heinrich Kirchner**
3 **Heimathaus Traunstein,** Stadtplatz 2–3, 83278 Traunstein, Tel. (08 61) 16 47 86, www.heimathaus-traunstein.de
4 **Stadtplatz Traunstein**
7 **Freibad Siegsdorf,** Schwimmbadweg 25, 83313 Siegsdorf, Tel. (0 86 62) 97 69, www.siegsdorf.de/schwimmbad
8 **Aldelholzener Alpenquellen,** St.-Primus-Straße 1, 83313 Siegsdorf, www.adelholzener.de
9 **Freibad Bergen,** Schwimmbadweg 15, 83346 Bergen, Tel. (0 86 62) 83 76, www.bergen-chiemgau.de/schwimmbaeder-seen
10 **„Panorama-de-luxe"-Etappe im Bergener Moos**
11 **Kirche Mariä Himmelfahrt Vachendorf**

Auerwirt

Land & Bräuche

Über Weibhausen nach Surtal

Traunsteins Norden, Süden und Westen haben wir auf unseren Touren bereits erkundet. Jetzt ist der Osten dran. Auch dort gibt es viel zu entdecken.

Wir starten am Bahnhofsplatz, wo der einstige Wasserbrunnen zum kurzen Strandurlaub verführt. Es geht die **Bahnhofstraße** hinunter und nach links in die **Herzog-Friedrich-Straße,** die wir unmittelbar nach einer Kreuzung mit Ampelanlage nach rechts auf die **Obere Hammerstraße** verlassen. Bevor sie an einer Gabelung nach links unter dem Eisenbahnviadukt hindurch verschwindet, radeln wir scharf rechts auf den Traundamm, neben dem das Flüsschen nahezu geräuschlos fließt. An der zweiten Brücke (Ettendorfer Brücke) folgen wir dem Radwegweiser nach links Richtung **Ettendorf.** Kurz darauf biegen wir links in die **Ettendorfer Straße.** Keine 100 Meter weiter schwenken wir am Vorfahrt-achten-Schild scharf rechts und strampeln, immer noch auf der Ettendorfer Straße, einen sportlichen Anstieg hinauf. Dank der erhöhten Position haben wir einen **1 schönen Blick über Traunstein** hinweg: Etwa in der Mitte ist der alles überragende Turm der Stadtkirche St. Oswald zu sehen, links davon der Jacklturm und weiter rechts im Hintergrund die Kampenwand.

Oben auf der Kuppe fahren wir unter einer Eisenbrücke durch und danach sofort rechts auf den schmalen Weg neben der Bahnstrecke Rosenheim–Salzburg. Es geht vorbei an der kleinen, auf einer Anhöhe stehenden Kirche St. Veit und Anna, die aus

*Ostermontags steht in Traunstein der **Georgi-Ritt** an. Mit dem Ruf „Hie gut allweg alten Brauches Pfleg, nach Ettendorf wir reiten wie zu Väters Zeiten" ziehen etwa 350 geschmückte Pferde und ca. 20.000 Interessierte zur Segnung am Ettendorfer Kircherl.*

Kilometer: 28

Höhenmeter: 350

Stunden: 3

RUNDTOUR

Ettendorfer Kircherl

dem 15. Jahrhundert stammt – im Volksmund liebevoll Ettendorfer Kircherl genannt.

An der nächsten Eisenbahnbrücke überqueren wir die **Waginger Straße** und fahren links einen Radweg hinauf. Kurz nach einer Bushaltestelle (hölzerner Unterstand mit Ziegeldach) biegen wir rechts auf die **Betonstraße** ab. Sie bringt uns nach einer T-Kreuzung, an der wir rechts fahren, über einen unbeschrankten Bahnübergang. Rund 400 Meter weiter folgen wir an einem Vorfahrt-Schild dem Radwegweiser nach rechts Richtung **Lauter.** Nach dem erneuten Tunneln der Bahnstrecke Rosenheim–Salzburg biegen wir links auf eine namenlose Straße ab. Sie navigiert uns durch Grünlandflächen an der Einöde **Jahn** vorbei und durch den Weiler **Straß** bis zu einer T-Kreuzung. Wir fahren links die **Bergstraße** hinauf nach **Oed.** Wo rechts die Schlosserstraße abzweigt, steht eine kleine, hellblau getünchte **❷ Ortskapelle** mit überstehendem Schopfwalmdach an der Stirnseite. Am Altargitter ist das Jahr 1834 angeschrieben, an der rechten Außenseite lehnen **Totenbretter.**

Für die Seele

Wir lernen Land und Leute kennen, aber auch Brauchtum, das im Chiemgau bis heute gepflegt wird.

Im 19. Jahrhundert war es bayernweit Brauch, zur Erinnerung an Verstorbene das ***Totenbrett*** *am Wegrand aufzustellen. Auf den Brettern waren die Toten bis zur Bestattung aufgebahrt. Im Chiemgau und Rupertiwinkel wird dieser Brauch heute gelegentlich wieder geübt.*

Wir bleiben auf der Bergstraße (Radwegweiser Richtung **Weibhausen**), auf der wir wieder einmal die Bahnstrecke Rosenheim–Salzburg und danach die Betonstraße überqueren. Nun zieht die Straße ein wenig an. Bevor wir den Weiler **Haunerting** erreichen, werfen wir mal wieder einen Blick zurück gen Süden. Vor unseren Augen spannt sich das imposante Gipfelband der Chiemgauer Alpen. Davor das sanft geschwungene Grünland, darin schön verteilt die Weiler. An diesem Panorama können wir uns gar nicht sattsehen!

Wir speichern das Bild in unserem Kopf ab und radeln durch

Totenbretter

den kleinen Ort in einen Forst namens Wolfspitz hinein. Wiederholt tauchen Radwegweiser auf und lenken uns ganz nah an die Bahnstrecke Traunstein–Waging heran. An einer T-Kreuzung geht's nach rechts und dann immer geradeaus Weibhausen entgegen. Bald verlassen wir den Wald, überqueren einen unbeschrankten Bahnübergang und begleiten die **Traunsteiner Straße** nach rechts auf dem Radweg: **Weibhausen,** wir sind da! Und schon wieder weg: Am Ende des Radwegs folgen wir der Vorfahrtstraße und dem Radwegweiser nach rechts Richtung **St. Leonhard.** Über einen weiteren unbeschrankten Bahnübergang bringt uns die erst im weiteren Verlauf nach Pater Bernhard benannte Straße nach **Plattenberg –** die **3 Hofkapelle** bei Hausnummer 67 mit dem kleinen Dachreiter datiert aus dem Jahr 1895. Weiter geht's durch den Weiler **Obermoosen** zum nächsten Etappenziel, **St. Leonhard am Wonneberg.** Der 52 Meter hohe barocke Zwiebelturm der um 1496 erbauten **4 Wallfahrtskirche St. Leonhard** ist weithin sichtbar.

Jedes Jahr Anfang November versammeln sich in ***St. Leonhard am Wonneberg*** *zum Patronatstag des heiligen Leonhard (Schutzpatron des Stallviehs) Rosse und Reiter zum Leonharditt. Er ist der größte im Landkreis Traunstein, einer der ältesten in Bayern.*

Auf dem neu gestalteten Dorfplatz zu Füßen der anmutigen Kirche erfahren wir von einer Einheimischen, dass sich die 1550-Seelen-Gemeinde Wonneberg über sieben Dörfer verteilt und die drittkleinste Kommune im Landkreis Traunstein ist. Und dass es dort Kindergarten, Grundschule und Jugendhaus gibt, aber keinen Nahversorger. Umso dankbarer sind wir für den Tipp, dass im Bürgerhaus ein Getränkeautomat steht.

Erfrischt und etwas ortskundiger radeln wir schließlich im 90-Grad-Winkel zu unserer bisherigen Fahrtrichtung auf der leicht ansteigenden **Salzburger Straße** weiter. Auf Höhe des Weilers **Köpfelsberg** erreichen wir die Kuppe und rollen die nun abschüssige Straße bis zur nächsten Kreuzung hinunter. Dort folgen wir dem Radwegweiser nach rechts Richtung **Zell** und passieren die Weiler **Enzersdorf, Hellmansberg** und **Greinach.** Ging es zuletzt bergab, steigt die Strecke seit

Josefskapelle im Wald bei Greinachtal

Schöner Ausblick nahe Oed

Überqueren des Greinacher Bachs wieder an. Die Straße mäandert durch Grünlandflächen auf den Zeller Forst zu, der im Gegenlicht wie eine dunkelgrüne Front vor uns steht.

Unmittelbar bevor wir in den Wald eintauchen, nehmen wir seitlich im Augenwinkel etwas wahr. Wir stoppen und schauen und erkennen, unterm überhängenden Blätterdach eines uralten Baumes beinahe verborgen, zwei uns abgewandte Ruhebänke und dahinter, ja, was mag es sein? Sieht aus wie ein kleines Gebäude. Also absteigen und über die frisch gemähte Wiese hin. Der Weg lohnt sich: Wir stehen vor der 5 **Josefskapelle** im Wald bei Greinach, die schon 1883 hier bezeugt ist. An der linken Längs- und an der Rückseite sind acht bzw. sieben alte Totenbretter angebracht, ein weiteres an einem benachbarten Baum. Wir setzen uns auf eine der beiden Bänke und halten inne. Die Vergänglichkeit des Lebens, im Angesicht der Totenbretter wird sie greifbar.

Nach Minuten der Stille wenden wir uns wieder den Rädern zu. Den bewaldeten Berg hinauf treten wir fest in die Pedale. Kräftig schnaufend, verspüren wir zugleich eine unbändige Lust, das Leben zu feiern. Kaum liegt der Wald hinter uns, fahren wir an einer Gabelung links, passieren die Einöde **Schnatzlreut** und durchfahren den Weiler **Zell.** Nach dem letzten Hof auf der rechten Seite (Zell 14) biegen wir vor einer kleinen Kapelle mit Zeltdach – sie gilt als eine der ältesten Kapellen in der Gemeinde Wonneberg – rechts ab auf einen Wirtschaftsweg. Der bringt uns in das zusammenhängende Waldgebiet Heimholz. Im Wald halten wir uns am ersten Abzweig links und beim zweiten rechts. Nach dem Forst geht's auf einem sanft ansteigenden, teilweise mühsam zu befahrenden Wirtschaftsweg (größere Steine, sandiger Boden) an einer weitläufigen Streuobstwiese mit Jungbäumen entlang. Wir durchqueren **Burghartsöd,** radeln dann geradeaus über eine Eisenbahnbrücke hinunter nach **Lehen in Kapell** und erreichen kurz darauf **Kapell.** An der Kreuzung fahren

KZ-Friedhof in Surtal

wir rechts dem Radwegweiser nach, wiederholt von Panoramablicken begleitet, bis nach **Lauter.** An der Ortstafel treffen wir auf die **Surstraße,** der wir am Feuerwehrhaus vorbei ein kurzes Stück den Hang hinauf folgen, um sie dann nach links auf den **Staufenweg** zu verlassen. Der bringt uns zum Ortsrand. An einer Wegschranke vorbei sausen wir die Anlieger-frei-Straße mit angenehmen Gefälle nach **Surtal** hinunter. An der Ortsende-Tafel (Radwegweiser) fahren wir rechts ins Dorf hoch. An der **Sportplatzstraße** führt neben einem Parkplatz eine Treppe zum kreisrund umfriedeten **6 KZ-Friedhof Surtal,** ein Ehrenfriedhof für 66 Menschen, überwiegend Juden, die wenige Tage vor Kriegsende von NS-Wachleuten in der Nähe von Lauter ermordet wurden. Im Zentrum ist ein Mahnmal mit zwei Davidsternen und der Inschrift „Unsterbliche

Fußgänger- und Radbrücke über die Traun

Opfer, Ihr sanket dahin“, daneben steht auf einem runden Sockel ein Chanukka-Leuchter. Auf dem Mahnmal und dem Sockel liegen kleine Steine: eine jüdische Tradition, mit der die Toten geehrt werden und die stille Anteilnahme zum Ausdruck bringt. Auch wir fügen einen Stein hinzu – wider das Vergessen.

Wir kehren zu den Rädern zurück, fahren zur Bundesstraße **(B 304)** und begleiten sie nach rechts auf dem Radweg Richtung Traunstein. Schon bald erreichen wir im Weiler Au den **7 Auerwirt,** ein großer Bau mit vorragendem Dach und Hochlaube. Auf dem Mauersockel vor dem Haus stehen Kübel mit blühenden Blumen. Die Küche des Auerwirts, die nicht zuletzt für ihren Schweinebraten im ganzen Umland berühmt war, ist inzwischen dauerhaft kalt. Nur der Ausschank wird gelegentlich noch angeworfen, auch der traditionelle Stammtisch findet wöchentlich statt. So gesehen haben wir Glück, als wir dort ein Gewusel sehen. Als sich dann die Wirtin zu uns gesellt und lebenslustige Anekdoten auftischt, erstrahlt der Auerwirt besonders schön.

Sodann bringt uns die **B 304** bis zum Kreisel an der Traun in Traunstein. Dort fahren wir links und folgen dem Radwegweiser Richtung **Stadtplatz.** Es geht unter der Bundesstraße (B 306) hindurch, über die Traun und den Traundamm hinweg. Dann links auf die **Traunerstraße,** gleich wieder rechts auf die Straße **Am Triftfeld,** die wir nach wenigen Metern geradeaus auf einen Fuß- und Radweg verlassen. Weiter geradeaus radeln wir den **Karl-Theodor-Platz** entlang, am Ende links und kurz darauf rechts auf dem Radweg neben der **Salinenstraße** den Berg hinauf. Oben biegen wir rechts auf die **Ludwig-Thoma-Straße** ein und bleiben ihr bis zum **Stadtpark** treu. Hier heißt uns gegenüber in der **Gapstraße** das seit 1927 bestehende **8 Park Café** willkommen, eine tolle Adresse mit schönem Außenbereich im Park. Die **Bahnhofstraße** leitet uns schließlich links zum Ausgangspunkt am Bahnhofsplatz.

St. Leonhard
am Wonneberg
Rettenbach
Enzersdorf
Hellmannsberg
Weibhausen
Zell
St2105
304
Traun
Empfing
Ettendorf
Lauter
Surtal
Traunstein
306
Surberg

ALLES AUF EINEN BLICK

Entspannung 4/5
Abenteuer 5/5
Vielfalt 5/5

WIE & WANN

Asphaltierte Haupt- und Nebenstraßen, Wirtschafts-, Wald-, Damm- und Radwege; ideal April bis Oktober.

HIN & WEG

Auto: Parken auf den Nebenstraßen in der Nähe des Bahnhofs, 83278 Traunstein
ÖPNV: Bahnhof Traunstein

ESSEN & ENTSPANNEN

7 **Auerwirt,** Au 9, 83362 Surberg, Tel. (08 61) 6 92 14
8 **Park Café,** Gapstraße 2, 83278 Traunstein, Tel. (08 61) 6 99 22, www.parkcafetraunstein.de

ENTDECKEN & ERLEBEN

1 **Schöner Blick über Traunstein**
2 **Ortskapelle** in Oed
3 **Hofkapelle** in Plattenberg
4 **Wallfahrtskirche St. Leonhard Wonneberg**
5 **Josefskapelle** im Wald bei Greinach
6 **KZ-Friedhof Surtal**

2.-€

Sulzberg-Runde

Siegsdorf, Inzell & Ruhpolding

Die Tour fängt gut an. Wir sitzen noch nicht im Sattel, und schon beschert uns Siegsdorf einen Augenschmaus: den Bahnhof und den Turm der Pfarrkirche Mariä Empfängnis. Beide Gebäude sind denkmalgeschützt. Der Bahnhof springt uns wegen seines markanten Tuffsteinmauerwerks ins Auge und die 1823 geweihte Kirche wegen ihres Spitzhelms.

Und damit los! Wir verlassen den Parkplatz nach links auf die **Bahnhofstraße** und biegen kurz darauf rechts über einen Bahnübergang auf die **Sonnenstraße.** Nach etwa 400 Metern steuern wir scharf links und gleich wieder rechts auf die **Rauschbergstraße,** der wir an einer T-Kreuzung nach rechts folgen. An der nächsten T-Kreuzung fahren wir links die **Gehstraße** (Anlieger frei) hinauf. Sie verwandelt sich in einen Fuß- und Radweg, der uns geradeaus auf die Straße **Adlgastag** bringt. Nachdem wir die Staatsstraße (St 2098) überquert haben, geht's auf einem von Grünlandflächen flankierten Wirtschaftsweg Richtung **Inzell.** Kurz darauf treffen wir auf die Querstraße **Am Spirkagraben.** Wir fahren links, an der nächsten T-Kreuzung rechts auf die **Spirkastraße** und dann auf dem Radweg neben der **Deutschen Alpenstraße (B 306)** her. An einer Bushaltestelle, bevor die Molbertinger Straße in die B 306 mündet, überqueren wir die Alpenstraße (Radwegweiser **Teisendorf** und **Surberg**) und setzen auf der anderen Seite unsere Fahrt auf der rechts abzweigenden **Neukirchener Straße** fort. Bei der Ortstafel **St. Johann** biegen wir rechts in die **Mühlenstraße** ab. An der Brücke über die Rote

*In der **Mühle St. Johann,** die an der Roten Traun liegt, wird seit 1506 Mehl gemahlen. Wurde einst mit Wasserrad und Mahlstein gearbeitet, sind heute Wasserturbine und Walzenstuhl im Einsatz. Außer Mehl gibt's auch Öle, Nüsse, Getreidekaffee und mehr.*

Kilometer: 33

Höhenmeter: 350

Stunden: 3,5

STRECKE

Schmuckstück in Heutau

Traun passieren wir die ❶ **Mühle St. Johann** samt Mühlenladen.

Die Vorstellung, dass hier bereits vor 500 Jahren das gemacht wurde, was heute immer noch gemacht wird – aus Getreide Mehl und Schrot mahlen –, ist beeindruckend. Tatsächlich zählte das Müllerhandwerk bis in die frühe Neuzeit zu den „unehrlichen Berufen". Vor allem Bauern bezichtigten Müller oft des Betrugs, sodass seit Mitte des 16. Jahrhundert extra Reichsgesetze erlassen wurden, die den Müller als ehrbar und seine Kinder als zunftwürdig erklärten. Das letzte Fünkchen Romantik verschwindet, als wir die heutige Berufsbezeichnung der Müller erfahren: „Verfahrenstechnologe/technologin Mühlen- und Getreidewirtschaft". Müller klingt einfach besser.

Für die Seele

Die Rote Traun begleitet uns durchs Inzeller Hochmoor, die Weiße Traun durch ein Eisenerzbergbau-Dorf.

Sodann durchfahren wir den Ortsteil **Heutau** mit teils sehr hübschen Häusern Richtung **Hammer.** Kurz bevor wir wieder auf die B 306 treffen, fahren wir erst links (Radwegweiser **Inzell** und **Hammer**) über die Rote Traun und nach dem ersten Haus sofort rechts auf einen Fuß- und Radweg **(Brunnweg).** Dieser bringt uns – von der Roten Traun, Wald und Wiesen begleitet – bis nach Hammer, dem drittgrößten Ort der Gemeinde Siegsdorf. Der Streckenabschnitt verläuft entlang der ehemaligen Soleleitung, die ursprünglich von Reichenhall nach Traunstein reichte, später nach Rosenheim verlängert wurde und bis 1958 im Betrieb war. Auf dem Weg liegt ein ❷ **Deicheldepot,** in dem sechs Holzrohre – sogenannte Deicheln – ausgestellt sind. Eine Schautafel liefert den historischen Hintergrund.

*Als in Reichenhall das zum Versieden der **Sole** notwendige Holz ausging, baute man 1617–1619 eine 31 Kilometer lange, aus hölzernen Deicheln bestehende Leitung nach Traunstein, wo es genug davon gab. Sie transportierte täglich ca. 100 Kubikmeter Sole.*

In **Hammer** führt uns der **Brunnweg** an einer kleinen **Grünanlage** vorbei, auf der sich zwei Brunnen, eine Kneippanlage sowie Infotafeln rund um die Salzgewinnung befinden. Wir folgen dem Radwegweiser. Erst leitet er uns geradeaus, dann wenige Meter vor einer T-Kreuzung halb rechts durch eine Unterführung

Kneippbecken und Trinkwasserbrunnen in Hammer

auf die **Gamperlmühlstraße** und etwa 1 Kilometer weiter vor einer Brücke links auf die **Fantenbergstraße** (später **Salinenweg**) – immer Richtung **Inzell.** Im Weiler **Wien** treffen wir auf den **Mitterweg,** schwenken an der Einmündung rechts, um sofort wieder links auf einen schmalen Wirtschaftsweg abzuzweigen. Kurz darauf öffnet sich vor uns ein weites Tal, das von den Chiemgauer Alpen umrahmt ist: links der Teisenberg, rechts der Sulzberg und vor uns der vielgipflige Staufen.

*Der dicht bewaldete **Sulzberg** wird im Westen von der Weißen Traun, im Osten von der Roten Traun flankiert. Gerahmt wird er von Siegsdorf im Norden, Ruhpolding im Südwesten und Inzell im Südosten. Sein Gipfel, der Zinnkopf, gehört zu den Chiemgauer Alpen.*

Wir folgen dem Radwegweiser über eine Holzbrücke, unter der die Rote Traun fließt, und halten Kurs auf die Berge. Wo unser Weg auf den asphaltierten **Salinenweg** stößt, schwenken wir halb links darauf ein und passieren ein zweites Deicheldepot. Kurz darauf biegen wir an einer überdimensionalen **3 Lupe aus Holz,** die auf den Moor-Erlebnis-Pfad aufmerksam machen soll, links auf einen Schotterweg, der uns mitten ins Moorgebiet leitet. An einer Holzbrücke gibt's ein Wiedersehen mit der Roten Traun, die das ganze Moorgebiet durchläuft, woher die rötlich-braune Färbung ihres Wassers und wohl auch ihr Name stammen. Unmittelbar nach der Brücke geht's rechts. Der Weg ist nun deutlich schmaler, rechts fließt die Rote Traun, links stehen Sträucher und Gehölze. Noch rollen wir am Moorrandwald entlang. Das ändert sich schlagartig, als wir beim nächsten Abzweig links fahren (Wegweiser **Moor-Erlebnis-Pfad**). Schon sind wir mittendrin, immer wieder erhaschen wir tiefe Einblicke ins Moor. An manchen Stellen ist es fast baumfrei, nur vereinzelte Moor-Birken, Fichten und Schwarz-Erlen sind zu sehen. Zu den Rändern hin nehmen der Bewuchs und die Wuchshöhe zu. Über allem herrscht eine angenehme, fast unwirkliche Stille. Wir fühlen uns, als hätten wir für einen Moment das Raumschiff Erde verlassen. Dann tänzelt eine Libelle völlig lautlos, aber nah vor uns her, und schon sind wir wieder gelandet.

Wir radeln immer geradeaus – vorbei an einigen Tafeln, die anschaulich über Flora und Fauna im Moor

Blick ins Moor mit Libellenskulptur

berichten, und einem 4 **Beobachtungsturm** – dann liegt das Moor hinter uns. An einer T-Kreuzung biegen wir rechts auf den **Birkenweg** ab, danach erneut rechts auf die **Kreuzbaumstraße.** Sie bringt uns nach links auf die **Bauhofstraße,** diese wiederum zur querenden **Traunsteiner Straße.** Dort wenden wir uns nach rechts und radeln in den Ort. Beim 5 **Gasthof Metzgerei Hirschbichler** stärken wir uns mit einer Leberkässemmel, danach rollen wir weiter. Gegenüber vom Maibaum fällt uns ein 6 **Rotmarmor-Bildstock** mit Laterne von 1743 ins Auge. Wir biegen links in die **Reichenhaller Straße** ab, kommen an der 7 **Bäckerei Schuhbeck Brot & Kaffee Inzell** und an der **Pfarrkirche St. Michael** vorbei. Am **Dammweg** geht's rechts und sofort wieder rechts in die **Rauschbergstraße,** die wir an einem Sackgasse-Schild nach rechts auf den **Kienbergweg** verlassen. Der führt uns zur **Schmelzer Straße,** die wir auf dem Fuß- und Radweg begleiten. Als wir vor uns die Kirche Mariä Himmelfahrt sehen, wenden wir uns nach links in die **Sulzbacher Straße.** An einem Straßenspiegel geht's nach rechts – erst zwischen hohen Hecken hindurch, dann durch offenes Grünland, im Hintergrund dicht bewaldete Berge. Bei einem querenden Weg halten wir uns rechts, von Weiden mit Fleckvieh flankiert. Sodann überqueren wir die Schmelzer Straße und folgen dem Radwegweiser Richtung **Ruhpolding** auf die **Froschseer Straße.** Was recht entspannt und flach beginnt, entpuppt sich schnell als durchaus sportliche Etappe. An der 8 **Kessel-Alm,** von deren Terrasse man einen fantastischen Ausblick auf Inzell hat, erfrischen wir uns mit Brunnenwasser. Dann geht's munter weiter zum Weiler **Oberhausen** hinauf. Dort genießen wir auf einer Ruhebank die Aussicht auf den Froschsee und die umliegenden Berge. An einem Bildstock nebst Kapelle vorbei rollen wir links die Straße hinunter und sogleich wieder zur Bundestraße B 305 hinauf, auf die wir rechts abbiegen. Nach 1,5 Kilometern verlassen wir sie halb rechts auf einen schmalen Anliegerweg **(Gnaig),** der uns den Berg hinunter zur Kreisstraße (TS 35) bringt. Wir fahren nach rechts und kurz nach der Kirche St. Valentin an der T-Kreuzung erneut rechts auf die **Grashofstraße.** Jetzt bewegen wir uns im bekannten Ferienort **Ruhpolding.** Es geht immer geradeaus, auch bei der abknickenden Vorfahrt halten wir Kurs. Neben uns fließt jetzt der Sägebach. Kurz nach dem **Hotel Alte Säge** (Miesenbacher Straße 8) überqueren wir den Bach auf einer Holzbrücke und biegen danach rechts auf einen von Sägebach (rechts) und Weißer Traun (links) flankierten Schotterweg, den wir an der zweiten Brücke nach rechts verlassen. Dort radeln wir links die ansteigende **Miesenbacher Straße** hoch nach **Vordermiesenbach.** Im Dorf fahren wir einen Linksbogen an drei Bauernhäusern (Hausnummer 13, 14 und 16) vorbei, die aus dem Ende des 18. Jahrhunderts datieren. Zurück auf dem Hauptweg, folgen wir dem Radwegweiser geradeaus Richtung **Siegsdorf** und **Hörgering** durch eine Grünlandfläche. Kurz darauf steht neben einer Gedenktafel eine **9 Aussichtsbank.** Ein Wiesenhang im Rücken, vor uns das Tal – alles ist von dicht bewaldeten Bergen gesäumt, und über allem schwebt der wolkenfreie, bestechend blaue Himmel. Es ist absolut ruhig, man könnte eine Nadel fallen hören. Wir saugen das schöne Naturbild wie ein Schwamm auf.

Irgendwann radeln wir weiter. Von Radwegweisern geleitet, durchfahren wir einen Wald und gelangen auf der **Reiterhofstraße** nach **Hörgering.** An einer Weggabelung biegen wir links auf die **Hörgeringer Straße** und an der Kreuzung beim **Arzter Dorfladen** erneut links auf die **Bergstraße.** Am Abzweig Blumenstraße steigen wir ab und schieben das Rad einen steil abfallenden Fußgängerweg (Bergstraße) hinab zur **Dorfstraße** in Eisenärzt, die von Bauernhäusern aus dem 18. und 19. Jahrhundert gesäumt ist. Wir fahren rechts auf die Dorfstraße und verlassen sie nach ca. 200 Metern (Wegweiser **Forellenhof**) nach links über eine

St.-Valentin-Kirche in Ruhpolding

⑩ **Holzbrücke,** von der aus wir einen schönen Blick auf die Weiße Traun haben.

Nach der Brücke geht's rechts auf den **Salinenweg,** an der nächsten T-Kreuzung nach links und nach einem unbeschrankten Bahnübergang gleich wieder rechts (Wegweiser Grub) auf den **Grubweg.** Am Waldrand folgen wir dem Radwegweiser halb rechts auf einen Fuß- und Radweg, der uns bis zu einer T-Kreuzung bei einem E-Werk bringt. Dort fahren wir rechts, überqueren die Weiße Traun und biegen vor den Bahngleisen nach links auf einen Radweg (Wegweiser **Siegsdorf-Mitte**), der an der **Ruhpoldinger Straße** endet. Nun radeln wir nach links und kurz darauf an einer Gabelung nach rechts auf die **Bahnhofsstraße,** die uns zum Parkplatz am Siegsdorfer Bahnhof bringt. Das war's!

*Der Name des zu Siegsdorf gehörenden Luftkurortes **Eisenärzt** verweist auf seine wirtschaftliche Vergangenheit. Hier wurde lange Zeit Eisenerzbergbau betrieben. In Öfen wurde das Eisen vom Stein getrennt und danach in Hammerschmieden verarbeitet.*

Eisenärzt

Weiße Traun in Eisenärzt

Seiboldsdorf
306
Traundorf
Traun
Neukirchen
am Teisenber
8
Neukirchener Straße
St. Johann
1
Feichten
Heutau
Siegsdorf
2
Wolfsberg
Weiße Traun
306
Eisenärzt
10
Hammer
Rote Traun
Hörgering
Gschwall
Zinnkopf
9
Sulzbergschneid
St2098
4
Wien
3
5
Zellerberg
Inzell
6
Ruhpolding
7
Auer Berg
8
Aschenau
Hinterbichl
305
305
Hinterer Rauschberg

ALLES AUF EINEN BLICK

Entspannung 4/5
Abenteuer 3/5
Vielfalt 5/5

WIE & WANN

Asphaltierte Haupt- und Nebenstraßen, Wirtschafts-, Wald- und Radwege; ideal April bis Oktober.

HIN & WEG

Auto: Parkplatz gegenüber vom Bahnhof in der Bahnhofstraße, 83313 Siegsdorf
ÖPNV: Bahnhof Siegsdorf

ESSEN & ENTSPANNEN

1 **Mühle St. Johann,** Mühlenstraße 25, 83313 Siegsdorf, Tel. (0 86 62) 93 28, www.muehle-st-johann.com
5 **Gasthof Metzgerei Hirschbichler,** Traunsteiner Straße 25, 83334 Inzell, Tel. (0 86 65) 5 55, www.gasthof-hirschbichler.de
7 **Bäckerei Schuhbeck Brot & Kaffee Inzell,** Schmelzer Straße 1, 83334 Inzell, Tel. (0 86 65) 98 49 94, www.baeckerei-schuhbeck.de
8 **Kessel-Alm,** Froschseer Straße 37, 83334 Inzell, Tel. (0 86 65) 92 85 65, www.kessel-lifte.de

ENTDECKEN & ERLEBEN

2 **Deicheldepot** am Brunnweg zwischen Heutau und Hammer
3 **Lupe aus Holz** am Moor-Erlebnis-Pfad Inzell
4 **Beobachtungsturm** im Inzeller Moor
6 **Rotmarmor-Bildstock** in Inzell
9 **Aussichtsbank** bei Vordermiesenbach
10 **Holzbrücke** über Weiße Traun in Eisenärzt

Seeweg & Seefahrt

Am Ufer des Chiemsees entlang

Während es uns bei den Touren im Chiemgau in der Regel ins Umland des Chiemsees verschlägt, halten wir dem Bayerischen Meer heute die Treue. Wir bewegen uns von Prien-Stock im Westen nach Chieming im Osten. Mal radeln wir dicht am Wasser entlang, mal gehen wir ein wenig auf Abstand – aber immer bleibt die Uferlinie unser roter Faden. Dass wir den nicht verlieren, dafür sorgt eine optimale Beschilderung der Strecke mit Radwegweisern. Worauf warten wir noch? – Auf nichts! Also aufs Rad und los!

Wir verlassen den Parkplatz am Hafen nach links auf die **Osternacher Straße** und biegen schon kurz darauf nach rechts in den **Erlenweg** ein. Auf ihm fahren wir zum **❶ Prienavera,** dem wunderbaren **Erlebnisbad** mit dem bemerkenswerten Muscheldach. Dessen warmer Außenpool schmiegt sich bis ans Seeufer, sodass man nahezu das Gefühl hat, im See selbst zu schwimmen. Und der Blick aus dem Pool übers Wasser hinweg zur Herreninsel hinüber und dort geradewegs durch die Lindenallee bis zum Schloss – das hat was!

Links vorm Prienavera die **Seestraße** entlang gelangen wir immer in Ufernähe zu einem kleinen Parkplatz neben dem Bootshaus der Polizei. Seeseitig befindet sich hier ein Holzsteg, es ist der **❷ Badesteg Forellenweg.** Obwohl der Himmel noch wolkenverhangen ist, ziehen bereits vier Frühaufsteher ihre Bahnen im See. Weiter links wirft ein Fischer im Ruderboot seine Angel aus. Neben dem Steg liegen Dutzende Schwimmblätter von Seerosen flach auf der Wasseroberfläche.

Kilometer: 34

Höhenmeter: 100

Stunden: 4

STRECKE

Wo Schilf wächst, ist es feucht. Über Jahrtausende ist der Ur-Chiemsee verlandet und hat ***Sumpfflächen*** *hinterlassen. Die bis zu 2 Meter hohen Schilfhalme, die hier wachsen, sind im Sommer grün und wiegen sich im Wind, im Herbst sind sie dürr und rascheln.*

Entlang der Prienmündung in der Schafwaschener Bucht gibt es einen sehenswerten ***Steinlehrpfad*** *mit viel Anschauungsmaterial in Form von Schautafeln und verschiedenen Findlingen, die uns die Entstehung der Chiemsee-Landschaft verständlich erklären.*

Wir setzen unsere Fahrt auf dem Chiemsee-Uferweg fort und folgen dem Radwegweiser vorbei an der **3 Fischhütte Reiter.** Tipp: Unbedingt den Steckerlfisch probieren! Sodann geht es im munteren Zickzack weiter Richtung Schafwaschener Bucht. Von diesem Zipfel des Chiemsees, auch Aiterbacher Winkel genannt, heißt es, er sei eine der landschaftlich reizvollsten Ecken hier. Der Weg ist flankiert von offenen Streuwiesen und großflächigen Schilfgürteln, die Bodenfeuchtigkeit signalisieren.

Wir überqueren zwei Holzbrücken. Die erste bringt uns übers Osternacher Giesenbachl, die zweite über den Gebirgsbach Prien, der hier in den Chiemsee mündet. Neben der Brücke liegt das Strandbad Westernach mit dem **4 Strandkiosk VIP** nebst Biergarten.

Wir halten uns rechts und schieben die Räder die Landzunge entlang, welche die Prien seitlich flankiert, bis zu einer **5 Beobachtungsstation,** die einem Bootshaus ähnelt. Weil die Bucht nur über eine schmale Seeenge mit dem Chiemsee verbunden ist, mutet sie wie ein kleiner Nebensee an. Von einer Bank an der Spitze der Landzunge aus haben wir einen schönen Überblick. Uns drängt sich der Eindruck auf, dass diese Bucht so schnell nichts aus der Ruhe bringt. Eine

Ruhe, die spürbar auch auf uns abfärbt. Seitlich von uns liegt aufgehäuftes Totholz im Wasser, das an eine Biberburg erinnert. Tatsächlich leben wieder Nager in der Prienmündung. Bei Eintritt der Dämmerung kann man sie mit Glück beobachten, ihre Nagespuren sieht man hingegen auch bei Tag.

Wir kehren der Landzunge den Rücken, vorbei an massiven, teils über 50 Millionen Jahre alten Findlingen, die zum eindrucksvollen **6 Steinlehrpfad** gehören. Kurz nach dem Sportheim des **TSV Rimsting** biegen wir rechts auf den Uferweg ab (Radwegweiser Richtung **Chieming** und **Rimsting-Aiterbach**), der uns durch die Streuwiesen lenkt. Wir passieren die Rimstinger Ortsteile **Schafwaschen, Eßbaum, Guggenbichl** und schließlich **Aiterbach,** wo wir beim Hotel Aiterbach auf die Staatsstraße **(St 2093)** treffen. Dort halten wir uns rechts und folgen dem leicht ansteigenden Radweg bis nach **Hochstätt.** Von dort haben wir einen umwerfenden Ausblick auf die Schafwaschener Bucht, den

Für die Seele

Wir begegnen frischen Biberspuren, alten Findlingen, einer Palme im See und einem römischen Meilenstein.

Natur- und Vogelbeobachtungsstation Rimsting

Naturpark Hofanger

Chiemsee und die Chiemgauer Alpen. Kurz darauf biegen wir rechts ab (Radwegweiser Richtung **Chieming** und **Breitbrunn**) und radeln zwischen Wiesen und Weiden durchs Kapellenfeld zum See hinunter. Dort halten wir uns an einer Wegkreuzung links und setzen die Fahrt auf dem Uferweg fort – am Kailbacher Winkel und am Strandbad Breitbrunn vorbei, bis wir in **Breitbrunn-Mühln** die Anlegestelle der Lastenfähre erreichen, die zwischen Herreninsel und Festland pendelt. Wir radeln auf dem Chiemsee-Uferweg weiter, nun Richtung **Gstadt.** Auf halber Strecke zwischen Mühln und Gstadt statten wir dem **7 Beobachtungsturm Ganszipfel** einen lohnenden Besuch ab. Die drei Chiemseeinseln, Frauen-, Kraut- und Herreninsel, sind vom Turm aus gut zu sehen. Ein fest installiertes Fernrohr sorgt für einen noch detaillierteren Durchblick.

Wenig später gelangen wir nach **Gstadt.** Hier verlassen wir den beschilderten Radweg, der an der Weggabelung am **Seeplatz** nach links abzweigt. Stattdessen wenden wir uns nach rechts, schieben die Räder am Hafen, Bootsanleger und Badeplatz vorbei und tauchen am Ortsausgang Richtung Gollenshausen in den am Hang liegenden **8 Naturpark Hofanger** ein.

*Der **Naturpark Hofanger** – der Name leitet sich von „Hopfenanger" ab, dort wurde früher Hopfen angebaut –, ist eine Spielwiese für die Sinne. Neben einem kleinen Steinlabyrinth gibt's dort einen Rosen- sowie einen Heilpflanzen-Schaugarten und Kräuterbeete.*

Oberhalb der kleinen Grünanlage stoßen wir wieder auf den Chiemsee-Uferweg, der nun rechts etwa 1 Kilometer neben der **Seestraße** verläuft. Am Ende eines Waldstücks biegen wir an einer Bushaltestelle rechts nach **Schalchen** ab und folgen den Radwegweisern bis zu unserem nächsten Etappenziel, der Badeanstalt von Gollenshausen mit dem Biergarten **9 Seehäusl** daneben. Wir legen eine kleine Pause ein, genießen Kaffee, hausgemachten Kuchen und das tolle Panorama. In Ufernähe ragt ein künstlich angelegter Steinhaufen aus dem See, auf dem eine echte Palme wächst. Hand aufs Herz: Wer diese Kulisse sieht, muss nie mehr in die Ferne schweifen. Wir jedenfalls lieben das Gollenshausen-Karibik-Feeling.

Prienmündung in Schafwaschener Bucht

Labyrinth im Naturpark Hofanger

Wieder im Sattel, geht's den sehr gut ausgeschilderten Uferweg weiter nach **Seebruck.** Am Ortsrand geht der Radweg nahtlos in die asphaltierte **Römerstraße** über, die wir gegenüber Hausnummer 48 nach rechts auf einen schmalen Weg verlassen. An einer T-Kreuzung fahren wir rechts und kommen in den **⑩ Kurpark Seebruck.** Der Rundweg durch den Park hat einiges zu bieten: Eine weitere Beobachtungsstation, eine eindrucksvolle, 6 Meter hohe Skulptur sowie an der Südspitze Aussichtsbänke, auf denen man das Gefühl hat, im Chiemseekino in der ersten Reihe zu sitzen.

Wir verlassen den Park geradeaus und biegen rechts auf die **Römerstraße,** wo der Radwegweiser die Navigation wieder übernimmt. Wir passieren das **⑪ Römermuseum Bedaium** und den **⑫ römerzeitlichen Ziergarten,** dann überqueren wir die Alzbrücke, um danach links in **Haushoferstraße** abzuzweigen. An der nächsten T-Kreuzung fahren wir links auf den Radweg, der neben der Staatsstraße **(St 2095)** verläuft. Nachdem wir die Trostberger Straße überquert haben, wechseln wir durch eine Unterführung auf die rechte Seite der Staatsstraße. Der Radweg hält Kurs auf Chieming und bleibt immer in Ufernähe. Etwa 1,5 Kilometer nach der Unterführung biegen wir links ab (Radwegweiser Richtung **Chieming** und **Stöttham**) und kurz darauf an einer T-Kreuzung nach rechts. Nachdem wir geradewegs durch den Weiler **Schützing** gefahren sind, sehen wir seitlich an einem abzweigenden Anlieger-frei-Weg ein kleines Plätzchen mit Sitzbank und Steinsäule. Am Waldrand dahinter ist die denkmalgeschützte ⑬ **Kirche St. Johann Baptist** zu erkennen.

Sie hatte durch die Jahrhunderte als Taufkirche für Chieming große Bedeutung. Während der Säkularisierung sollte sie abgerissen werden, zwei Bauern aus Stöttham haben das damals verhindert. Die Säule,

Bei Stöttham steht die ***Kirche St. Johann Baptist*** *mit ummauertem Friedhof. Sie ist einschiffig, hat einen Dachreiter und wurde in der zweiten Hälfte des 15. Jahrhunderts errichtet. Die Schriftstellerin Isabella Nadolny (1917–2004, siehe auch Tour 2, S. 22) ist dort begraben.*

Römerzeitlicher Ziergarten

die wir gesehen haben, entpuppt sich als ⓮ **Reproduktion eines römischen Meilensteins.** Sie erinnert daran, dass unweit von hier die römische Fernstraße zwischen Salzburg und Augsburg verlief. Solche Steinsäulen zeigten den Reisenden jener Tage die Entfernung zur nächstgelegenen Stadt an. Und der Stein daneben, der eine Inschrift trägt, ist der Nachbau eines römischen Weihesteins für alte Götter. Laut Infotafel wurde das Original in der Nähe entdeckt und 1944 in München bei einem Bombenangriff zerstört. Wir sind ganz ergriffen: Auf engstem Raum werden hier für uns 2000 Jahre Geschichte buchstäblich greifbar.

Kurz darauf, wir sehen bereits die ersten Häuser **Stötthams,** werden wir wieder geerdet: Rechts am Wegesrand liegt am Lohbach eine **Kneippanlage.** Das lassen wir uns nicht zweimal sagen und drehen ein paar Runden im kühlen Nass.

Mit gestärkten Abwehrkräften radeln wir ins Kirchdorf. An der T-Kreuzung biegen wir rechts auf die **Dorfstraße,** an der Straßengabel nach links auf die **Chieminger Straße.** Wie ihr Name schon andeutet, bringt sie uns nach **Chieming,** wo sie passenderweise **Stötthamer Straße** heißt. Am Kreisverkehr fahren wir geradeaus weiter, bis wir auf die **Hauptstraße** (T-Kreuzung) treffen. Wir fahren rechts und sofort wieder nach rechts auf die Straße **Marktstatt,** die uns zum Ufer des Chiemsees lenkt. Nun noch wenige Meter nach links, und schon stehen wir am Zugang zum **Dampfersteg.** Von hier aus wollen wir mit einem Schiff der Chiemsee-Flotte nach Prien-Stock übersetzen, wo unsere Tour ihren Ausgang nahm.

Die Wartezeit bis zum Ablegen überbrücken wir, indem wir ein wenig Chieming erkunden. Der Überlieferung nach soll Chiemo, der im 8. Jahrhundert lebte und ein Anführer der Bajuwaren war, dem Ort, dem See und dem Gebiet seinen Namen gegeben haben. Doch schon kommt unser Schiff, wir gehen an Bord und genießen den Fahrtwind an Deck.

Seebruck
Alz
Fembach
Ising
Arlaching
St2095
Eggstätt
Hemhof
Eggstätt-Hemhofer Seenplatte
Lienzinger Moos
Gollenshausen
St2095
Stöttham
Langbürgner See
Eggstätter Straße
Breitbrunn am Chiemsee
Chieming
Aiterbach
Rimstinger Straße
Kailbach
Gstadt am Chiemsee
Chiemsee
Schafwaschener Bucht
Kailbacher Winkel
Rimsting
Sassau
Frauenchiemsee
Osternach
Krautinsel
Herrenchiemsee
Seestraße
Stock
Prien
1
2
3
4
5
6
7
8
9
10
11
12
13
14

ALLES AUF EINEN BLICK

Entspannung ●●●●○
Abenteuer ●●●○○
Vielfalt ●●●○○

WIE & WANN

Asphaltierte Haupt- und Nebenstraßen, Schotter-, Wald- und Radwege; ideal April bis Oktober; für die Überquerung des Chiemsees mit dem Schiff den aktuellen Fahrplan beachten: www.chiemsee-schifffahrt.de/de/fahrplaene.

HIN & WEG

Auto: Parkplatz Hafen Stock, Osternacher Straße 120, 83209 Prien am Chiemsee
ÖPNV: Bahnhof Prien am Chiemsee; über Seestraße zum Ausgangspunkt

ESSEN & ENTSPANNEN

3 **Fischhütte Reiter,** Forellenweg 29, 83209 Prien am Chiemsee, Tel. (0 80 51) 6 34 31, www.fischhütte-reiter.de
4 **Strandkiosk VIP,** Westernach 6, 83253 Rimsting, Tel. (0 80 51) 48 92, www.strandkiosk-rimsting.de
9 **Seehäusl,** Am See 8, 83257 Gstadt am Chiemsee, seehausl.business.site

ENTDECKEN & ERLEBEN

1 **Erlebnisbad Prienavera,** Seestraße 120, 83209 Prien am Chiemsee, www.prienavera.de
2 **Badesteg Forellenweg**
5 **Beobachtungsstation** Schafwaschener Bucht
6 **Steinlehrpfad** bei der Prienmündung in der Schafwaschener Bucht
7 **Beobachtungsturm Ganszipfel**
8 **Naturpark Hofanger** in Gstadt
10 **Kurpark Seebruck**
11 **Römermuseum Bedaium,** Römerstraße 3, 83358 Seebruck, Tel. (0 86 67) 75 03 www.roemermuseum-bedaium.byseum.de
12 **Römerzeitlicher Ziergarten**
13 **Kirche St. Johann Baptist,** Steinheilstraße, 83339 Stöttham
14 **Reproduktion eines römischen Meilensteins**

Tüttenseer Idyll

Grabenstätter Moosrunde

Eigentlich kennen wir den Chiemgau wie unsere Westentasche. Umso erfreulicher ist es, wenn wir bei unseren vielen Unternehmungen rund ums Bayerische Meer doch noch etwas Neues entdecken. Insbesondere dann, wenn es sich bei dem Fundstück auch noch um ein anmutiges Idyll handelt. Doch als wir losradeln, ahnen wir davon noch nichts.

Unser Startpunkt ist der Bahnhof in Übersee. Mit dem Bahnhofsgebäude im Rücken fahren wir links auf den neben der **Bahnhofstraße** verlaufenden Radweg. Kurz darauf biegen wir links auf die **Moosener Straße** ab. Immer mal wieder werfen wir auf dieser ruhigen und flachen Passage einen lohnenden Blick zur Seite: Wir sehen die Chiemgauer Alpen mit der Kampenwand (1669 Meter), deren markanter Gipfel an den Kamm eines Hahns erinnert. Und unmittelbar davor, als lägen keine 15 Kilometer Luftlinie zwischen Übersee und Kampenwand, ragt der 75 Meter hohe Turm der Pfarrkirche St. Nikolaus in den Himmel. Funfact nebenbei: An der tiefsten Stelle des Chiemsees versenkt, würde die Turmspitze von St. Nikolaus immerhin noch 1 Meter aus dem Wasser ragen.

Wir erreichen **Feldwies** und biegen im Ort von der Moosener Straße erst rechts auf den **Forsthausweg** und sofort links auf die Straße **Hofanger** ab. An der folgenden T-Kreuzung schwenken wir rechts auf den **Waldweg** ein. Er lenkt uns schnurstracks – der Name ist Programm – in ein Waldgebiet, das in diesem Teil Eichelgarten heißt. Mehr noch: Der

Kilometer: 22

Höhenmeter: 50

Stunden: 2,5

RUNDTOUR

Bergblick mit Kampenwand

*Die **Mündung der Tiroler Achen** in den Chiemsee ist ein in Mitteleuropa einzigartiges Binnendelta. Das ganze Gebiet wurde 1954 unter Naturschutz gestellt, seit 1987 zählen auch der südlich angrenzende artenreiche Auwald und das Grabenstätter Moos dazu.*

Waldrand markiert zudem die westliche ❶ **Grenze des Naturschutzgebiets „Mündung der Tiroler Achen"**, durch das wir uns auf der Tour streckenweise bewegen.

Während wir immer geradeaus durch den Wald radeln, vernehmen wir ein gleichmäßiges Rauschen. Das stammt allerdings nicht von der Tiroler Achen, die wir schon bald überqueren werden, sondern vom Verkehr der Autobahn (A 8), die wir nun ein kleines Stück begleiten. An einer T-Kreuzung halten wir uns links und folgen dem Radwegweiser Richtung **Grabenstätt.** Wir fahren unter der Autobahnbrücke durch und treffen auf einen asphaltierten Radweg, dem wir erst halb rechts (Radwegweiser **Grabenstätt**) und nach wenigen Metern nach rechts auf eine schmale Brücke folgen. Dort riskieren wir einen Blick übers Holzgeländer nach Norden und Süden und stellen fest: Das Einzige, was hier rauscht, ist die A 8. Der sich seinem Delta nähernde Bergfluss macht keinen Mucks, nicht das geringste Plätschern ist zu hören. Ganz gemächlich fließt er dahin mit leicht gekräuselter Oberfläche. Der Umstand darf aber nicht darüber hinwegtäuschen, dass die Tiroler Achen dem Chiemsee täglich etwa 100 Lkw-Ladungen mit Kies und Schlamm beschert, was zu seiner langsamen, aber zunehmenden Verlandung führt.

Nach der Brücke begleiten wir die A8 noch ein kleines Stück und überqueren sodann eine weitere Brücke, nämlich über den Rothgraben, den wir nach einem Linksbogen bis zur Hirschauer Bucht begleiten wollen.

Doch nach einem halben Kilometer, beim Abzweig nach **Grabenstätt** und **Chieming** (Radwegweiser), ist unerwartet Schluss. Weiter vorn auf der Strecke finden Baumfällungen statt, die Durchfahrt ist gesperrt. Zum Glück, sagen wir im Nachhinein, weil die Ausweichstrecke sehenswert ist. Führt sie uns doch mitten ins ❷ **Grabenstätter Moos,** ein Wiesenbrütergebiet, das gefährdete Vögel wie Wachtelkönig, Kiebitz, Braunkehlchen, Bekassine und Großer Brachvogel als Rückzugsgebiet nutzen. Wer sich den kleinen Umweg sparen will, fährt einfach weiter am Rothgraben entlang (Radwegweiser **Chieming über Hirschauer Bucht**), sofern keine Fällarbeiten stattfinden.

Wir biegen also notgedrungen rechts ab, mit Blick auf den staatlich anerkannten Erholungsort Grabenstätt. Nach wenigen Metern fahren wir links auf einen Wirtschaftsweg, kommen an einem Wäldchen nebst Streuwiesen vorbei, dann geht's durch Grünland mit Mais- und Weizenfeldern, bis wir auf eine T-Kreuzung treffen. Dort fahren wir links auf eine asphaltierte Straße, die uns zurück zum Radweg neben dem Rothgraben bringt. Wo sich beide Wege treffen, steht eine überdachte Sitzbank mit Infotafeln, denen wir Wissenswertes über die Gemeinde Grabenstätt und das Naturschutzgebiet „Mündung der Tiroler Achen" entnehmen. Und eine Fahrrad-Reparaturstation gibt's auch. Wir setzen die Tour fort und folgen dem Weg-

Für die Seele

Erst empfängt uns ein atemraubender Panoramablick auf die Chiemgauer Alpen, dann ein malerischer Moorsee.

*Im ca. 5 Kilometer langen sogenannten **Rothgraben** fließt die Weißache, ein Fluss, der in den Chiemgauer Alpen entsteht und in der Hirschauer Bucht in den Chiemsee mündet. Zugleich treffen sich im Rothgraben die Gemeindegrenzen von Übersee und Grabenstätt.*

Beobachtungsturm Hirschauer Bucht

weiser Richtung **Hirschauer Bucht.** Der schmale Weg ist flankiert von Schilfzonen, Sträuchern und blumenreichen Streuwiesen – ein herrlicher Anblick. Nach 1,5 Kilometern erreichen wir das **3 Wirtshaus zur Hirschauer Bucht,** ein gemütliches Fischrestaurant nebst Biergarten, wo fangfrische Chiemseefische und bayerische Schmankerl auf den Teller kommen. Wir stellen die Räder ab, denn gegenüber vom Lokal führt ein schmaler Pfad zum **4 Beobachtungsturm Hirschauer Bucht.**

Dort sind wir nicht allein, einige Hobby-Ornithologen sind schon da, mit Fotoapparaten und riesigen Objektiven ausgestattet. Uns bietet sich ein wunderbarer Seitenblick auf das Achendelta. Im Uferbereich erkennen wir Schilfzonen und Tausende von Teichrosen mit gelben Blüten, die sich wie ein Blätterteppich ans Ufer schmiegen. Und in einiger Entfernung stehen Vögel auf schmalen Sandbänken, sehr viele Vögel. Einige davon sind mit bloßem Auge nur als weiße Tupfer auszumachen. Ein Blick durchs fest installierte Fernrohr zoomt sie heran.

Kaum zu glauben, aber wahr: Vor wenigen Jahrzehnten herrschte in der ***Hirschauer Bucht,*** *die heute zum Naturschutzgebiet Mündung der Tiroler Achen zählt, noch reger Badebetrieb. Heute ist die Bucht stark von der fortschreitenden Verlandung betroffen.*

Als wir genug gesehen und gestaunt haben, schwingen wir uns auf die Räder, lassen Lokal und Bucht hinter uns und überqueren die in den Chiemsee mündenden Gewässer Runst und Grabenstätter Mühlbach. Kurz bevor wir auf die Staatsstraße (St 2096) treffen, folgen wir dem Radwegweiser Richtung **Grabenstätt** durch eine Unterführung. Auf der anderen Straßenseite fahren wir auf dem Radweg bis zum Vorfahrtachten-Schild und biegen dann nach links (Achtung! Radfahrer-Gegenverkehr!) erneut Richtung Grabenstätt ein. Nach etwa 500 Metern schwenken wir links auf die Straße nach **Hirschau** (Wegweiser). In der Dorfmitte folgen wir dem Radwegweiser nach links Richtung **Traunstein** und **Erlstätt.** Direkt darunter hängt ein zweites Schild mit unserem nächsten Etappenziel, das uns positiv überraschen wird: **Tüttensee.**

Wir verlassen das Dorf, passieren ein kleines Waldstück und fahren an der nächsten Weggabelung nach

*Der **Tüttensee** ist ein Moorsee und liegt versteckt in einem Wald. Er gehört je zur Hälfte den Gemeinden Grabenstätt und Vachendorf. Sein Uferbereich ist ein Landschaftsschutzgebiet. Der See ist von einem 50 Meter breiten Wall mit ebener Krone umgeben.*

rechts (Radwegweiser). Am Horizont präsentieren sich die ❺ **Chiemgauer Alpen** in ihrer vollen Ausdehnung und Pracht. Von links nach rechts: Zinnkopf, Hochfelln, Hochgern, Hochplatte, Kampenwand, Hochries und wie sie alle heißen mögen. Auch wenn man die Gebirgsnamen nicht kennt, das Gesamtbild ist einfach klasse. Ein „Doppel-Wumms" für die Seele sozusagen.

Unsere Straße endet an der Kreisstraße (TS 3). Wir überqueren sie geradeaus auf die **Alte Dorfstraße.** Neben dem Ortschild **Marwang** steht auch ein Radwegweiser, der uns durchs ganze Kirchdorf – vorbei an blühenden Bauerngärten, geranienverzierten Balkonen, imposanten Höfen und freilaufenden Hühnern – Richtung **Tüttensee** lenkt. Am Ortsrand biegen wir an einer Kreuzung nach rechts auf die abfallende **Max-Buchfellner-Straße** (Radwegweiser **Grabenstätt** und **Tüttensee**). Nach 500 Metern passieren wir den Parkplatz Tüttensee. Kurz danach orientieren wir uns links und stoßen auf eine Schranke. Danach halten wir uns rechts (Wegweiser **Badeanstalt**), fahren auf einem Waldweg am Westufer entlang, erreichen über einen zweiten Parkplatz das ❻ **Seebad Tüttensee –** und sind baff. So ein malerischer Ort! Es ist Liebe auf den ersten Blick. Wir nehmen ein Erfrischungsbad und finden danach ein schattiges Plätzchen auf der sonnenverwöhnten Terrasse des **Restaurants.** Dazu Kaffee und Kuchen. Mensch, ist das schön, und dabei so ruhig! Im Nu ist unser Akku wieder gefüllt.

Glücklich, einen neuen Lieblingsplatz gefunden zu haben, geht's wieder aufs Rad. Am Parkplatz halten wir uns links und verlassen den Wald halb rechts auf die **Max-Buchfellner-Straße.** Die Kampenwand und die ersten Häuser im Blick, fahren wir an einer T-Kreuzung nach rechts (Wegweiser **Grabenstätt**) und bis zur Kreisstraße (TS 3, T-Kreuzung). Wir überqueren sie und scheren rechts auf den Radweg ein, an dessen Ende wir auf die Straße wechseln. Die lenkt uns an **Grabenstätts Pfarrkirche St. Maximilian** vorbei. Unsere

Straße heißt nun **Überseestraße,** an ihr entlang bringt uns ein Radweg nach **Winkl.** Wir streifen das Dorf, das im 10. Jahrhundert als „Gut Winkilarum" Erwähnung fand. In Sichtweite eines Kreisverkehrs überqueren wir die Straße, radeln durch eine Unterführung und folgen sodann dem Radwegweiser ins **Grabenstätter Moos.** Am Ende des asphaltierten Wegs erreichen wir die Stelle am Rothgraben, wo auf dem Hinweg die Sperrung wegen Baumfällarbeiten war. Wir radeln jetzt zunächst auf demselben Weg zurück, den wir auf der Hinfahrt gekommen sind. Erst nachdem wir unter der Autobahnbrücke durchgefahren sind, gibt es eine Kursänderung. Statt rechts auf den Waldweg Richtung Feldwies abzuzweigen, folgen wir nun geradeaus dem Radwegweiser Richtung **Marquartstein** und **Staudach** und begleiten die Tiroler Achen bis kurz vor eine Eisenbahnbrücke.

In Sichtweite der Gleise halten wir uns rechts und fahren auf dem Wirtschaftsweg neben dem Bahndamm bis zur **Moosener Straße,** die uns links durch die Unterführung zu unserem Start- und Zielpunkt lenkt.

*Die **Tiroler Achen** ist ein Gebirgsfluss, der riesige Mengen von Kies, Sand und Schwebstoffen mit sich führt. Sie lagern sie vorwiegend im Delta und Chiemsee ab. Auf diese Weise wächst das Mündungsgebiet jährlich um die Fläche von zwei Fußballfeldern.*

Restaurant Seebad Tüttensee

Chiemsee
Mündung der Tiroler Achen
Tiroler Achen
Rothgraben
Grabenstätter Moos
Seethal
Hirschau
Marwang
Grabenstätt
St2096
Winkl
Feldwies
Feldwieser Straße
8
P
1
2
3
4
5
6

ALLES AUF EINEN BLICK

Entspannung
Abenteuer
Vielfalt

WIE & WANN

Asphaltierte Haupt- und Nebenstraßen, Schotter-, Wirtschafts-, Wald- und Radwege; ideal April bis Oktober.

HIN & WEG

Auto: Parkplatz Bahnhofstraße, 83236 Übersee
ÖPNV: Bahnhof Übersee

ESSEN & ENTSPANNEN

3 **Wirtshaus zur Hirschauer Bucht,** Hirschauer Bucht 1, 83355 Grabenstätt, Tel. (0 86 61) 5 28, www.hirschauer-bucht.de

6 **Restaurant Seebad Tüttensee,** Lueg2, 83377 Vachendorf, Tel. (0 86 61) 98 38 38, www.tuettensee-seebad.de

Abseits der Route empfehlenswert:
Wirtshaus D'Feldwies, Greimelstraße 30, 83236 Übersee, Tel. (0 86 42) 59 57 15, www.wirtshaus-feldwies.de

ENTDECKEN & ERLEBEN

1 **Grenze des Naturschutzgebiets „Mündung der Tiroler Achen"**
2 **Grabenstätter Moos**
4 **Beobachtungsturm Hirschauer Bucht**
5 **Panoramablick Chiemgauer Alpen**
6 **Seebad Tüttensee,** siehe ESSEN & ENTSPANNEN

Steiner Mühlbach

An der Traun

Von Altenmarkt nach Traunwalchen

Wir sitzen noch nicht im Sattel, da stehen wir auch schon unter dem Eindruck der ❶ **Stiftskirche St. Margareta** des ehemaligen Augustinerchorherrenklosters Baumburg.

Auf dem bewaldeten Steilhang des Klosterbergs thront sie mit ihren gewaltigen Zwiebeltürmen über dem Tal der Traun und schaut auf uns herab, und wir zu ihr hinauf. Und obwohl wir „nur" auf ihre Rückseite schauen, bekommen wir eine leise Ahnung, warum St. Margareta im Volksmund als „Rokokoperle des Chiemgaus" bezeichnet wird. Unter dem geschweiften Giebel mit großer Uhr und einem Dreifaltigkeitsfresko steht in Versalien „Soli Deo Gloria" – auf Deutsch „Gott allein die Ehre".

Mit dieser in der frühen Neuzeit gängigen Wendung im Ohr verlassen wir den Parkplatz nach links auf die **Harald-Friedrich-Straße.** An der Kreuzung nach dem Bahnübergang biegen wir links ab, dann rechts auf die **Hauptstraße,** von der wir sofort wieder nach links auf die ansteigende **Baumburger Straße** einschwenken. Sie bringt uns in einem Linksbogen die Steigung zum Kloster Baumburg hinauf. Wir betreten den Innenhof durch das Eingangstor. Sofort fällt uns die imposante Stiftskirche mit ihren gewaltigen Türmen mit den Zwiebelhauben ins Auge. Neben dem Eingang befindet sich das historische ❷ **Bräustüberl Baumburg** mit sonnenverwöhntem Biergarten, daneben in einem alten Wirtschaftsgebäude des Klosters hat die Klosterbrauerei Baumburg ihren Sitz.

*Am Eingang der Klosteranlage Baumburg liegt das historische **Bräustüberl.** Es datiert aus dem Jahr 1406 und wird seither mit eigenem Bier beliefert, wobei es die Klosterbrauerei offiziell erst seit 1612 gibt. Die urgemütliche Gaststube ist besonders sehenswert.*

Kilometer: 24
Höhenmeter: 100
Stunden: 2,5
RUNDTOUR

Stiftskirche St. Margareta Baumburg

Als wir die Stiftskirche St. Margareta betreten, verschlägt es uns den Atem. Wir erleben eine echte Farbenexplosion, die uns überwältigt. Insbesondere die Deckenfresken sind umwerfend. Das muss man einfach mit eigenen Augen gesehen haben. Danach umrunden wir die Kirche. Auf der Rückseite, die wir bereits vom Parkplatz aus bestaunt hatten, genießen wir den tollen Panoramablick übers Trauntal hinweg bis zu den Chiemgauer Alpen – sagenhaft. Mit bloßem Auge erkennen wir in einiger Entfernung auf einem Hügel die Pfarrkirche von St. Georgen, der wir im weiteren Verlauf unserer Tour noch begegnen werden.

Für die Seele

Vorbei an einem alten Schloss, über Fachwerkbrücken, zwischen Mühlbach und Traun geht's durch den Auwald.

Wir verlassen das Klostergelände durch das Tor, durch das wir gekommen sind, und wenden uns nach links auf die **Baumburger Straße,** die schon bald in einen Schotterweg übergeht. Zunächst fahren wir an der massiven Klostermauer entlang, dann an einem Baumstreifen, bevor sich die Landschaft öffnet. Von Grünland umgeben radeln wir mit Blick auf die Alpen Richtung **Offling** (Wegweiser). Der Kontrast zwischen dem satten Grün der Wiesen und dem strahlenden Blau des Himmels könnte kaum intensiver sein. Wir überqueren die Chiemseestraße geradeaus und peilen nun – mal rechts, dann links von Maisfeldern flankiert – **Haßmoning** an. Die Siedlungsgeschichte des heutigen Ortsteils von Traunreut reicht bis ins 8. Jahrhundert zurück. In der Ortsmitte halten wir uns an einer Weggabelung rechts (Radwegweiser). Kurz darauf fahren wir links auf einen Schotterweg, der nach einem einzeln stehenden Gebäude in einen Wirtschaftsweg übergeht und uns am Wald entlang über eine Kuppe nach **Attenmoos** lenkt. Wir durchfahren den Weiler, folgen dabei den Radwegweisern, und treffen nach einem ebenen Streckenabschnitt mit traumhaftem Panoramablick in die Berge auf die **Hörpoldinger Straße.** Dort wenden wir uns nach rechts. In **Knesing**

*Die **Stiftskirche St. Margareta Baumburg** stammt aus dem frühen 11. Jahrhundert. Im 18. Jahrhundert wurde sie teilweise neu erbaut und erhielt ihre Rokoko-Innenausstattung. Den Türmen waren schon Ende des 17. Jahrhunderts Zwiebelhauben aufgesetzt worden.*

biegen wir nach Durchfahren einer S-Kurve bei der zweiten Möglichkeit nach links in die **Harter Straße** ab. Etwa 1 Kilometer weiter schwenken wir links Richtung **Buchberg** und **Grilling.** Wir radeln die leichte Anhöhe nach Grilling hinauf, durchfahren das Dorf und folgen der Straße schnurgeradeaus im munteren Wechsel an Feldern und Wäldern vorbei. Nach einem unbeschrankten Bahnübergang überqueren wir die Hauptstraße (B 304). Eine Allee nimmt uns auf und bringt uns direkt zum **❸ Schloss und Gut Pertenstein.** Dessen Ursprünge datieren auf das Ende des 13. Jahrhunderts; es gilt als eines der bedeutendsten Baudenkmäler im Landkreis Traunstein. Heute dient es als Location für private Festlichkeiten und Kulturveranstaltungen wie Liederabende. Der 1971 gegründete Verein Pferdefreunde Pertenstein e. V. betreibt im Gut Pertenstein das gleichnamige Pferdezentrum, das neben Reitstunden auch einen Pensionsstall anbietet. Auf jeden Fall lohnt es sich, das Schloss mit seinem Gut in Augenschein zu nehmen, auch weil der Außenbereich liebevoll gestaltet ist.

Wir kehren um, fahren an Pferdekoppeln vorbei die **Schloßstraße** zurück. Am Straßenrand blühen Sonnenblumen, davor wachsen am Boden wilde Kürbisse.

Schloss Pertenstein am Ufer der Traun

Unter den riesigen Blättern leuchten die gelben Früchte hervor. Wir biegen an der ersten Abzweigung rechts ab, rollen die Schloßstraße hinab und über den Mühlbach hinweg. Er wird unweit von dieser Stelle an einer Wehranlage von der Traun abgeschöpft. Der Bach versorgt die benachbarte ❹ **Walzmühle Pertenstein,** in der heute eine Schreinerei betrieben wird, zu 100 Prozent mit grünem Strom. Die große Anlage der Walzmühle mit Wohnhaus, Wirtschaftsgebäude und frei stehender Mühle ist zwar mit der Aufschrift „1897" bezeichnet, historische Quellen berichten aber schon fürs Jahr 1517 von einer Mühle. Und für 1810 ist in diesem Zusammenhang auch von einem Sägewerk die Rede.

Kurz darauf sehen wir rechts eine überdachte ❺ **Fachwerkbrücke,** die sich 60 Meter lang und 3 Meter breit

Bildstock aus dem 17. Jahrhundert

Fachwerkbrücke über die Traun

über die Traun spannt. Wir stellen die Räder ab und betreten die Brücke, von der wir einen tollen Blick auf das erhöht über der Traun liegende Schloss Pertenstein haben. Davor die Wehranlage, an der der Mühlbach abgeleitet wird.

Sodann radeln wir weiter am Holzlager der Mühle vorbei. Radwegweiser lotsen uns zuverlässig die Traun entlang und werden uns ebenso bis nach Altenmarkt an der Alz begleiten.

Erst einmal geht's zwischen Mühlbach (links) und Traun (rechts) durch den Auwald, der uns wiederholt mit Ruhebänken und schöner Aussicht zum Verweilen einlädt. Schließlich überqueren wir den Mühlbach, wenden uns anschließend nach rechts und streifen das Dorf **Hörpolding.** Unmittelbar nach dem Lager eines holzverarbeitenden Unternehmens fahren wir an einer Weggabelung rechts. Über eine weitere überdachte Fachwerkbrücke, die über die Traun führt, erreichen wir die Poschmühle am Steiner Mühlbach. Die heutige **6 Pension Poschmühle** kann auf eine mehr als 800-jährige Tradition zurückblicken, rund 500 Jahre davon fungierte sie als Getreidemühle. Der Bach, der sie bis 1963 mit seinem klaren Gebirgswasser antrieb, speist seither das kleine familieneigene Wasserkraftwerk.

Nach der Pension biegen wir links ab und an der nächsten Weggabelung wiederum links auf die **Austraße,** die uns in den Ort **St. Georgen** lenkt. Vor uns auf einem Moränenhügel thront die Kirche St. Georg aus dem 15. Jahrhundert über den Häusern des Pfarrdorfs. Unmittelbar nach einem Bahnübergang, noch bevor die Austraße auf die Werner-von-Siemens-Straße trifft, biegen wir nach rechts auf einen Radweg, auf dem wir die Hauptstraße an einer Fußgängerampel überqueren. Durch eine Wegsperre hindurch gelangen wir auf einen schmalen asphaltierten Weg und fahren den Hügel hinauf. Auf der Kuppe geht's nach links an einem Bildstock (Rotmarmor mit Laterne aus der ersten Hälfte des 17. Jahrhunderts) vorbei über die **Schulstraße** zum **Kirchplatz.** Um die Kirche scharen sich einige alte Bauernhöfe. Wir verlassen den Platz nach rechts und folgen dem Radwegweiser Richtung **Altenmarkt.** Nach Passieren eines **7 mit Bundwerk reich verzierten Stadels** aus dem 19. Jahrhundert biegen wir an der T-Kreuzung links auf die **Bräubergstraße** ab.

__Bundwerk__ ist eine Technik der Zimmermannskunst und typisches Merkmal bäuerlicher Baukultur des 19. Jahrhunderts in Bayern. Dabei werden Balken an der Stirn- und Giebelseite von Scheunen (Stadeln) und Höfen in Gitterform oder schräg über Kreuz verbunden.

Zur Linken steht das urige Gasthaus **8 Der Dorfwirt** mit einem von der Straße abgeschirmten, gemütlichen Biergarten. Kurz darauf verlassen wir am Anfang einer

Linkskurve die Straße nach rechts. Schon nach wenigen Metern geht unsere Straße bei zwei Wegsperren in einen Fuß- und Radweg über, der uns zunächst neben der B 304, dann am Steiner Mühlbach entlang geradewegs nach **Stein a. d. Traun** lenkt. Dort treffen wir bei einem Parkplatz auf die Pallinger Straße. Gegenüber liegt das **9 Steiner Bräustüberl,** ein traditionsreiches Wirtshaus mit schönem Biergarten unter Schatten spendenden Kastanien, dessen Bierspezialitäten direkt aus der benachbarten Schlossbrauerei Stein stammen.

Der Biergarten sieht so verlockend aus, dass wir einkehren. Eine Schorle, einen Kaffee und ein Stück hausgemachten Kuchens später steigen wir wieder auf die Räder. Wir fahren zur Bundesstraße (B 304) und biegen nach rechts auf den Radweg, der uns neben der Bundesstraße über die Traun Richtung Altenmarkt bringt. Rund 800 Meter später biegen wir halb rechts durch zwei Wegsperren hindurch auf die **Steiner Straße** ab. Über sie gelangen wir zum Ausgangspunkt der Tour beim Gewerbegebiet **Harald-Friedrich-Straße.** Vom Hügel herab grüßt uns die Stiftskirche St. Margareta. Ob sich im Dreifaltigkeitsfresko ein kleines Lächeln zeigt, können wir nicht erkennen. Auf alle Fälle schicken wir ein „Soli Deo Gloria“ nach oben.

*Alle Jahre wieder geht im November im historischen Gutshof zu Baumburg der **Bayropäische Vorweihnachtssmarkt** über die Bühne. Der Klosterhof ist stimmungsvoll beleuchtet, es duftet nach Glühwein und an Ständen findet man noch passende Geschenke.*

*Das seit 2022 **Steiner Bräustüberl** genannte Wirtshaus hat eine lange Geschichte. Um 1500 war dort eine „Wirtstaferne“. Im 16. Jahrhundert wurde Stein Station der Postlinie München–Salzburg und die Taferne später Gasthaus zur Post. Ab 1962 hieß es dann Martini.*

Steiner Bräustüberl

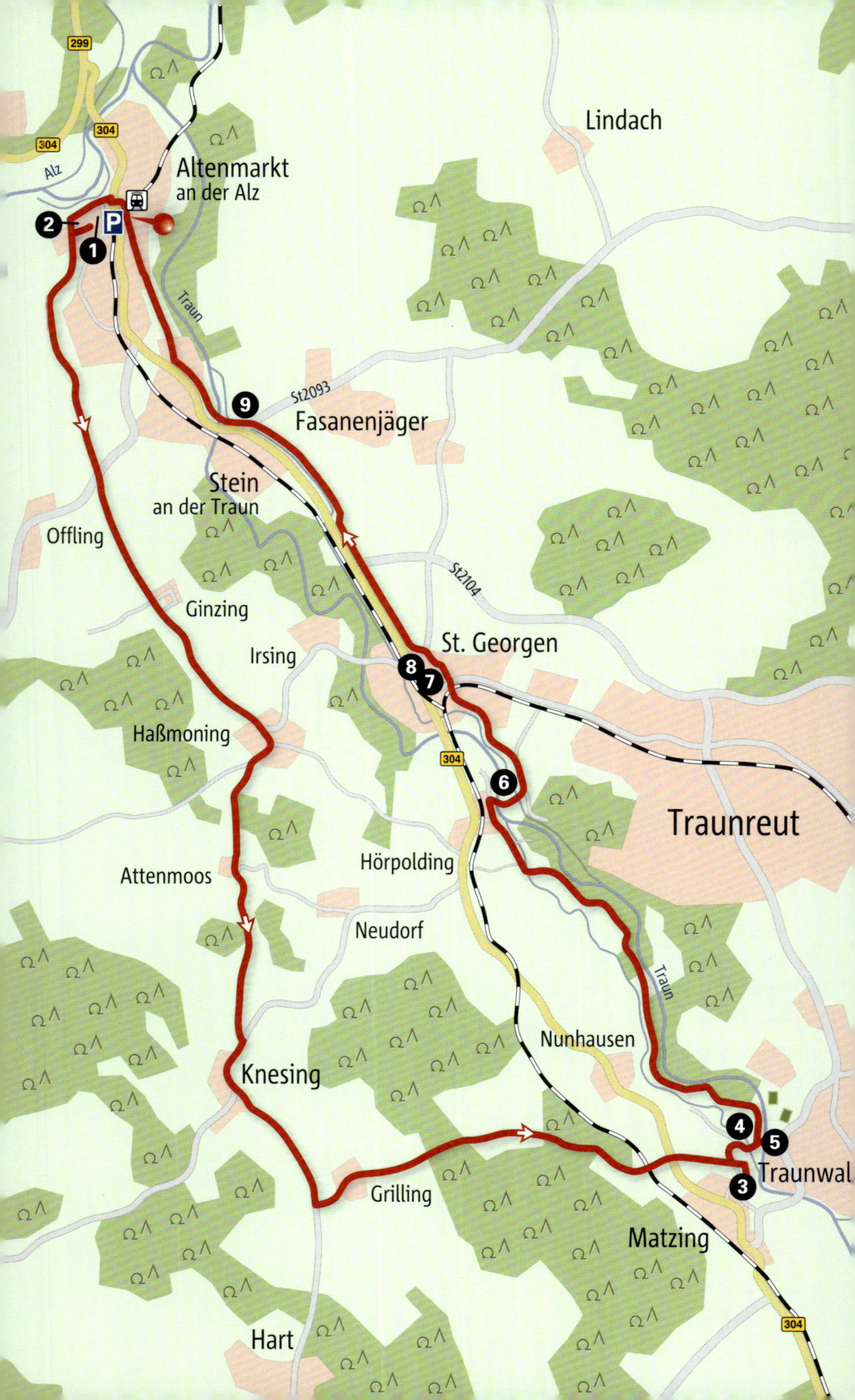

299
304
304
Alz
Lindach
Altenmarkt
an der Alz
Traun
St2093
Fasanenjäger
Stein
an der Traun
Offling
St2104
Ginzing
Irsing
St. Georgen
Haßmoning
304
Traunreut
Hörpolding
Attenmoos
Neudorf
Traun
Nunhausen
Knesing
Traunwal
Grilling
Matzing
Hart
304

ALLES AUF EINEN BLICK

Entspannung

Abenteuer

Vielfalt

WIE & WANN

Asphaltierte Haupt- und Nebenstraßen, Wirtschafts- und Radwege; ideal April bis Oktober.

HIN & WEG

Auto: Parkplatz Gewerbegebiet, Harald-Friedrich-Straße, 83352 Altenmarkt an der Alz
ÖPNV: Bahnhof Altenmarkt (Alz)

ESSEN & ENTSPANNEN

2 **Bräustüberl Baumburg,** Baumburg 12, 83352 Altenmarkt an der Alz, Tel. (0 86 21) 51 55, www.bräustüberlbaumburg.de
8 **Der Dorfwirt St. Georgen,** Bräubergstraße 3, 83368 St. Georgen, Tel. (0 86 69) 78 94-9 55, www.derdorfwirt.eu
9 **Steiner Bräustüberl,** Hauptstraße 5, 83371 Traunreut, Tel. (0 86 21) 5 08 47 11, www.steiner-braeustueberl.de

ENTDECKEN & ERLEBEN

1 **Stiftskirche St. Margareta,** Baumburg 26, 83352 Altenmarkt an der Alz
3 **Schloss und Gut Pertenstein,** Schloßstraße 4, 83301 Traunreut-Matzing, www.schloss-pertenstein.de
4 **Walzmühle Pertenstein**
5 **Fachwerkbrücke** über die Traun bei Pertenstein
6 **Pension Poschmühle** am Steiner Mühlbach, www.pension-poschmuehle.de
7 **Bundwerkstadel**

Badesteg Hartsee

Stille Wasser

Eggstätt-Hemhofer Seenplatte

Wir beginnen diese Tour am Bahnhof in Rimsting, wo schon seit Jahrzehnten kein Personenzug mehr hält. In der einstigen Bahnstation gastiert längst eine Wirtsstube mit thailändischer Küche und Dekoration: das **1 Kurkuma im Kulturbahnhof.** Der kleine, aber feine Biergarten daneben wird von einer über 100 Jahre alten **2 „Königslinde".** beschattet, die dort wächst und gedeiht, wo anno dazumal der Wartesaal-Pavillon von König Ludwig II. stand. Hier wechselte er vom Zug in die Kutsche zur Halbinsel Urfahrn und setzte von dort mit dem Boot auf die Herreninsel über, um die Fortschritte des im Bau befindlichen Schlosses Herrenchiemsee zu begutachten.

Wir dagegen wechseln aufs Rad, lassen die historische Stätte links liegen und fahren die Bahnhofstraße hinauf. Die führt uns durchs Hemhofer Holz, ein Waldstück, das zum wunderschönen Naturschutzgebiet Eggstätt-Hemhofer Seenplatte gehört.

Wenige Meter bevor wir den Wald wieder verlassen – wir sehen bereits das gleißende Licht am Ende des Laubdachtunnels –, biegen wir an einem Verbotsschild (Durchfahrt für Pkw und Motorräder verboten) nebst Hinweistafel aufs Naturschutzgebiet rechts auf einen ansteigenden Waldweg ein. Da wir bereits gegen 7 Uhr in Rimsting gestartet sind – für den Nachmittag sind Temperaturen jenseits der 35-Grad-Celsius vorhergesagt, die wir vermeiden wollen –, werden wir gleich zu Beginn der Tour mit bemerkenswerten sinnlichen Erfahrungen belohnt. Zunächst ist es im

__Eggstätt__ ist ein Mekka für UK-Fans. An der Obinger Straße 14 und Priener Straße 2 sind zwei English Corner Shops, in denen es alles gibt, was anglophile Herzen lieben: britische Lebensmittel, Küchenartikel, exzentrisch gemusterte Socken und vieles mehr.

Kilometer: 25
Höhenmeter: 200
Stunden: 2,5
RUNDTOUR

recht dichten Wald belebend kühl, so kühl, dass wir im Hochsommer unseren eigenen Atem sehen. Sodann erleben wir ein magisches Schauspiel: Die sehr dicht stehenden Fichtenstämme spalten das Licht der noch tief stehenden Morgensonne in einen aufgefächerten Strahlenkranz, der den Waldboden in ein breit gestreutes Meer aus Lichtkegeln verwandelt.

Nach einer Weggabelung geht es in einem Linksbogen steil hinab. Wir schieben die Räder über wild verzweigte Baumwurzeln und teils faustdicke Steine. Auf einer Holzbrücke überqueren wir den Klimmbach – ein dünner, dicht von Gräsern bewachsener Wasserarm, der den Thaler See (links) mit dem Langbürgner See (rechts) verbindet – und schauen zur Linken in eine **3 verwunschene Moorlandschaft,** die uns an mystische Szenen aus Fantasyfilmen erinnert: eine von Tannen und Laubbäumen begrenzte dreieckige Fläche – der linke Schenkel in freundliches Sonnenlicht getaucht, der rechte beschattet. Der Boden ist von Moosen und Gräsern bedeckt, dazwischen erheben sich 1 bis 1,5 Meter hohe Gehölze, darunter Latschenkiefern. In Bodennähe schwebt eine Schicht aus Nebelschwaden, deren Oberkante wie mit einem Lineal gezogen scheint. Welch zauberhafte Kulisse, die hier ihren zeitlich begrenzten Auftritt hat, bis mit der zunehmenden Tageswärme der Vorhang darüber fällt.

Wir radeln weiter, bleiben dabei auf dem Hauptweg, alle Abzweigungen ignorierend, und biegen an einer T-Kreuzung rechts auf die Staatsstraße (St 2095) ein, die von Seebruck nach Bad Endorf führt. Nach wenigen Metern wechseln wir auf den links neben der Straße verlaufenden asphaltierten Radweg. An seinem Ende verlassen wir ihn nach links auf die ansteigende **Seestraße** und nehmen bei der ersten Möglichkeit rechts die Straße **Hartmannsberg.** An einem kleinen

Für die Seele

Auf der Rundtour reihen sich Seen, Badeplätze und Landschaftsbilder wie Perlen auf einer Schnur.

*Die **Eggstätt-Hemhofer Seenplatte** ist der Musterknabe einer Eiszerfallslandschaft. Mit 17 Seen, Teichen, Tümpeln, Mooren und Mischwäldern ist sie eine der wertvollsten Naturlandschaften Bayerns. Und das älteste und größte Naturschutzgebiet Bayerns.*

Viele vom Aussterben bedrohte Pflanzen- und Tierarten haben in der wilden Urwüchsigkeit der ***Eggstätt-Hemhofer Seenplatte*** *ihren Rückzugs- und Lebensraum gefunden. Allein 40 verschiedene Libellenarten sind dort bei ihren lautlosen Flugkünsten zu beobachten.*

Wald entlang erreichen wir kurz darauf eine Kreuzung, von der links und rechts Wirtschaftswege abgehen. Dort steht ein Wegkreuz mit den Aufschriften „Schmied-Kreuz“ und „Ave Maria“, daneben ein Gedenkstein. Links sehen wir den Ortsrand von Hemhof, rechts auf einer kleinen Anhöhe die St.-Rupertus-Kirche, die zum 25-Seelen-Dorf Stephanskirchen gehört. Wir fahren nach rechts, halten auf Höhe der Kirche kurz an und genießen nach Süden einen traumhaft schönen 4 **Panoramablick** auf die Chiemgauer Alpen. Ganz großes Breitwandkino! Und schon tauchen wir in den vor uns liegenden Wald ein, der sich wie eine schützende Hand um die Seen der Eggstätt-Hemhofer Seenplatte legt, einige sogar vollständig umarmt.

Lauschiges Plätzchen am Hartsee

Wir folgen dem Hauptweg, lassen Abzweige rechts und links liegen, bis wir nach einer lang gezogenen Rechtskurve auf eine kleine Betonbrücke mit Holzgeländer treffen. Sie spannt sich übers Hemhofer Bachl, das den Schlosssee (in Fahrtrichtung rechts) mit dem Kautsee (links) verknüpft. Hier bekommen wir zum ersten Mal Teile des Schlosssees zu Gesicht. Nach Langbürgner See, Hartsee und Pelhamer See ist er der viertgrößte der Eggstätter Seen.

Der Mündungsbereich des Bachls ist etwas breiter, sein Bett von dichten Schilfgürteln flankiert. Die spiegelglatte Wasseroberfläche überziehen Schwimmblattzonen.

Nur wenige Meter weiter führt uns der Weg ganz nah ans Ufer des Kautsees. Wir nehmen die Einladung einer Sitzbank an und genießen die absolute Stille. Das Stillwasser ist so klar, dass wir auf dem Grund das Totholz erkennen. Armdicke Äste, Wurzelwerk und sogar ganze Baumstämme bieten Schutz und versorgen Fische, Amphibien und Pflanzen mit Nahrung. Der gegenüberliegende Uferbereich – Baumkronen, die den Schilfgürtel überragen – präsentiert sich im Wasser als Spiegelbild: wie ein Ölgemälde eines alten Meisters, nur eben von der Natur gemalt.

Als wir genug gesehen haben, radeln wir weiter – immer der Nase nach. Ein Stück weit deckt sich dieser Streckenabschnitt mit der Trasse der römischen Fernstraße Via Julia, worauf uns eine Hinweistafel aufmerksam macht. An einer Weggabelung, wo der Römerweg nach rechts Richtung Kesselsee abzweigt, fahren wir weiter geradeaus durch den Wald. Zur Rechten erhaschen wir zwischen den Bäumen wiederholt einen kurzen Blick auf den Einbessee. Schließlich treffen wir auf eine breite T-Kreuzung, an der wir nach links abbiegen und dem Wegweiser **7-Seenplatte-Rundweg** folgen. Nach 400 Metern überqueren wir eine ebenso kurze wie breite Holzbrücke, die über den Wasserarm zwischen Kautsee (links) und Hartsee

*Die **Seenplatte** ist wie geschaffen für Genusswanderer und naturverliebte Radler. Ein großes Wegenetz ist vorhanden, Standorttafeln sorgen für gute Orientierung. Und für Badenixen gibt es am Langbürgner, Pelhamer und Hartsee naturschöne Strandbäder.*

(rechts, nicht zu sehen) verläuft. An der nächsten Weggabelung in einer Linkskurve halten wir uns rechts und erreichen kurz darauf eine lange, schmale Holzbrücke, die uns über den Verbindungsarm zwischen Pelhamer See (links) und Hartsee (rechts) lenkt. Anschließend radeln wir nach rechts und folgen dem Wegweiser Richtung **Hartseeparkplatz** immer geradeaus bis zur nächsten Weggabelung. Hier halten wir uns rechts und gelangen am Ende des Naturschutzgebiets zur Kreisstraße (RO 15). Wir folgen rechts dem straßenparallelen Radweg, fahren kurz nach einer Brücke erneut nach rechts (Wegweiser Hartseeparkplatz) und kommen an der Uferböschung entlang zum **5 Freibad am Hartsee –** ein schönes Areal mit großzügiger Liegewiese, Schwimminsel, Holzsteg und dem **6 Café & Restaurant Hartsee-Stüberl** daneben.

Wir verlassen das Gelände auf der **Lehrer-Hager-Straße** und biegen nach rechts auf die **Obinger Straße** ab. Die geht in die **Priener Straße** über, von der wir links auf die **Chiemseestraße** (Wegweiser **Breitbrunn** und **Weisham**) wechseln. An einer Gabelung gelangen wir halb links auf einen Schotterweg (Anlieger frei). Nach wenigen Metern liegt rechter Hand auf einer Wiese die augenfällige **7 Sebastianskapelle,** die 2008 von Sebastian Plankl aus massiver Eiche in Handarbeit errichtet wurde – aus Dankbarkeit für den ersten Nachwuchs. Inzwischen sind es vier Kinder. Für jedes ist im Turm der Kapelle eine Glocke aufgehängt worden.

Zwischen Feldern hindurch folgen wir dem Radwegweiser bis zur querenden **Moosstraße.** Wir fahren rechts und an der folgenden T-Kreuzung nach links auf den Radweg neben der Staatsstraße (St 2095), die wir beim nächsten Abzweig nach rechts überqueren, um dem Radwegweiser nach **Breitbrunn am Chiemsee** zu folgen. Stur fahren wir geradeaus, wiederholt von Radwegweisern geleitet, passieren die Weiler **Preinersdorf** und **Mooshappen** und erreichen auf der **Mooshappener Straße** den Ort **Breitbrunn.** Der Ortskern selbst liegt

Sebastianskapelle bei Eggstätt

zwar nicht direkt am Chiemsee, dafür hat Breitbrunn aber den längsten Uferbereich aller Chiemseegemeinden.

Unweit der Dorfmitte scheren wir halb rechts auf die **Brunnmayrstraße,** die uns zur **Eggstätter Straße** bringt. Hier radeln wir nach links, vorbei am Dorfweiher, über dem die Barockkirche St. Johannes der Täufer thront, und am **8 Gasthaus Zur Post.** Danach biegen wir in einer – Vorsicht! – schwer einsehbaren Rechtskurve nach links auf die **Seestraße** ab, über die wir an der Lastenfähre rechts auf den Chiemsee-Uferweg einschwenken. Ab hier folgen wir dem Radwegweiser Richtung **Rimsting** für 3 Kilometer – vorbei am Segel-Club Breitbrunn-Chiemsee, dem Strandbad Breitbrunn und dem Kailbacher Winkel beziehungsweise der Kailbacher Bucht.

An der Kreuzung, wo links die beschilderte Zufahrt zum Gut Sassau (Privatweg) beginnt, ignorieren wir den Radwegweiser Rimsting, der uns hier nach rechts lenken würde. Stattdessen fahren wir geradeaus, passieren eine Wegsperre und bleiben auf dem Chiemsee-Uferweg. Der steuert uns in Rimstings Ortsteil **Aiterbach** beim Bootsservice Kreuzmeir nach links und ein kurzes Stück neben der Staatsstraße (St 2093) entlang. Hinter dem Hotel Aiterbach geht es wieder links auf eine Straße Richtung Siebenbürger Heim. Zur Linken genießen wir den tollen Blick auf die Schafwaschener Bucht.

Im Ortsteil **Eßbaum** führt der Weg leicht ansteigend zum Bahndamm hinauf. Dort radeln wir in einer (schlecht einsehbaren) Linkskurve nach rechts auf einen Privatweg (Anlieger-frei-Schild). Der lenkt uns am Bahndamm entlang immer geradeaus zu unserem Ausgangspunkt am Kulturbahnhof Rimsting zurück. Voller Eindrücke stoßen wir im Biergarten auf die in unseren Augen ebenso schöne wie abwechslungsreiche Tour an. Prost!

Weide bei Eßbaum

Meisham
Pelhamer See
Hartsee
Seeoner Straße
Eggstätt
Kautsee
Einbessee
Stephanskirchen
Kesselsee
Eggstätt-Hemhofer Seenplatte
Hemhof
Schlosssee
Hauptstraße
St2095
Weisham
Langbürgner See
Breitbrunn
am Chiemsee
Aiterbach
Rimstinger Straße
Kailbach
Bahnhofstraße
Schafwaschener
Bucht
Kailbacher
Winkel
Rimsting
Sassau
Chiemsee
Osternach
Herrenchiemsee
1
2
3
4
5
6
7
8
P

ALLES AUF EINEN BLICK

Entspannung

Abenteuer

Vielfalt

WIE & WANN

Asphaltierte Haupt- und Nebenstraßen, Schotter-, Wirtschafts-, Wald- und Radwege; ideal April bis Oktober.

HIN & WEG

Auto: Parken in der Nähe des Restaurants Kurkuma im Kulturbahnhof, Bahnhofstraße 81, 83253 Rimsting
ÖPNV: Keine direkte Anbindung

ESSEN & ENTSPANNEN

1 **Kurkuma im Kulturbahnhof,** Bahnhofstraße 81, 83253 Rimsting, Tel. (0 80 51) 40 49, www.kulturbahnhof-rimsting.de
6 **Café & Restaurant Hartsee-Stüberl,** Lehrer-Hager-Straße 6, 83125 Eggstätt, Tel. (0 80 56) 10 97, www.hartseestueberl.de
8 **Gasthaus Zur Post,** Rimstinger Straße 3, 83254 Breitbrunn am Chiemsee, Tel. (0 80 54) 95 19 95 66, www.zurpost-breitbrunn.de

ENTDECKEN & ERLEBEN

2 **„Königslinde"** am Rimstinger Kulturbahnhof
3 **Verwunschene Moorlandschaft**
4 **Panoramablick** bei Stephanskirchen
5 **Freibad am Hartsee**
7 **Sebastianskapelle** bei Eggstätt

Kleiner Bruder

Rund um den Simssee

Über die geografische Abmessung des Chiemgaus streiten sich bis heute die Geister. Im Westen etwa verorten viele den Grenzverlauf von Frasdorf über Riedering nach Bad Endorf, sodass er gerade noch das Ostufer des Simssees streift. Weil das idyllisch gelegene Gewässer trotzdem von den Einheimischen liebevoll als der kleine Bruder des Chiemsees bezeichnet wird, schlagen wir ihn für die Dauer unserer leichten Rundtour kurzerhand dem Chiemgau zu.

Wir starten vom gebührenfreien Parkplatz am Badeplatz Baierbach an der Simsseestraße. Er gehört wie auch das Bad zur Gemeinde Stephanskirchen und liegt am Rand des Naturschutzgebiets Südufer des Simssees.

Wir verlassen den Parkplatz nach rechts auf die **Simsseestraße** und passieren nach wenigen Metern den **1 Simsseekiosk „Kurvenwirt" Baierbach,** der nur bei schönem Wetter geöffnet hat und den Eingangsbereich zum Strandbad markiert. An der folgenden Weggabelung halten wir uns links und folgen der leicht ansteigenden **Krottenmühlstraße** (Radwegweiser) – sie wird später nahtlos in die Seestraße übergehen – den bewaldeten Uferhang zum Bahndamm hinauf. Auf den nächsten 5 Kilometern begleitet uns die Bahnstrecke München–Salzburg zur Linken wie eine Leitplanke. Und zur Rechten führt uns der zunächst asphaltierte, dann schottrige (teilweise schlaglochreiche) Weg im sanftem Auf und Ab am bewaldeten Westufer des Simssees entlang. Die ganze Zeit leuchten uns am Wegesrand farbenfrohe Pflanzen an: der rund 1 Meter hohe

*Der sumpfig-moorige Verlandungsbereich am **Südufer des Simssees** ist seit 1993 ein Naturschutzgebiet von internationaler Bedeutung und Lebensraum vieler vom Aussterben bedrohter Tier- und Pflanzenarten. Der See ist bereits seit 1963 Landschaftsschutzgebiet.*

Kilometer: 20

Höhenmeter: 120

Stunden: 2,5

RUNDTOUR

Aussichtsplattform am Simssee

Wiesen-Pippau mit seinen goldgelben Blüten, der deutlich kleinere, aber ebenso gelbblütige Scharfe Hahnenfuß und das sich vom satten Blattgrün absetzende Blau des bodendeckenden Kriechenden Günsels. Und immer wieder öffnen sich die Baumreihen und erlauben einen unverstellten Blick auf den im Sonnenlicht funkelnden Simssee.

Für die Seele

Vor malerischer Alpenkulisse umrunden wir den Simssee, vorbei an Biotopen, Badeplätzen und Dörfern.

Nach den ersten 4 Tourkilometern erreichen wir am Dorfrand von **Krottenmühl,** einem von 36 Gemeindeteilen Söchtenaus, das Lokal **2 Simssee-Stuben,** das mit seiner Seeterrasse und dem **Badeplatz Krottenmühl** zwei überzeugende Argumente für die Einkehr auf seiner Seite hat. Also Räder abgestellt, Badesachen an und hinein ins erfrischende Nass!

Eine Leiter am Ende eines langen Holzstegs verschafft uns einen bequemen Zugang zum See. Anschließend lassen wir uns am Uferrasen von der Sonne wärmen und den Kaffee und hausgemachten Kuchen der Simssee-Stuben munden. Dazu genießen wir den weiträumigen Blick über den Simssee hinweg bis zu den Chiemgauer Alpen. Derweil schaukeln angeleinte Segelboote in den seichten Wellen, es sieht so aus, als würden sie tanzen. Etwas seitlich harrt ein Angler im Ruderboot auf seinen nächsten Fang, und am Steg landen wiederholt Stand-up-Paddler und Kanufahrer an, um im Lokal eine Pause einzulegen. Kurzum, wir befinden uns inmitten einer grün-blauen Oase, die unseren Geist und unsere Seele um die Wette streichelt. Nach gut 1 Stunde – gefühlt war es deutlich länger – radeln wir weiter die Seestraße entlang. An einer T-Kreuzung folgen wir dem Wegweiser **Simssee-Rundweg** (Richtung **Prien/Thalkirchen**) nach rechts auf eine Nebenstraße, die uns am Nordende des Simssees vorbeiführt. Am Ortsende des Weilers **Eichen am Simssee** treffen wir auf einen von Streuwiesen gerahmten **3 Aussichtsturm,** der uns einen herrlichen Ausblick

*Der warme **Simssee** ist bis zu 22,5 Meter tief, sein Umfang beträgt 14 Kilometer. Er grenzt an fünf Gemeinden (Bad Endorf, Riedering, Stephanskirchen, Prutting, Söchtenau) und hat vier Badeplätze: Baierbach, Krottenmühl, Pietzing, Ecking.*

*Das **Thalkirchner Moos** ist ein bedeutsamer Verlandungskomplex im Nordosten des Simssees, der im Bereich von Antworter und Thalkirchner Achen liegt. Das Gebiet ist wichtiger Brutplatz für vom Aussterben bedrohte Arten wie Brachvogel, Kiebitz und Bekassine.*

über den See bis ins Mangfallgebirge beschert: Bei schönem Wetter kann man von dort den Großen und Kleinen Traithen, den Wendelstein sowie den Breitenstein sehen.

Wir setzen unseren Weg fort und kreuzen nach rund 300 Metern die **4 Antworter Achen.** Das schmale Gewässer durchfließt hier das **Thalkirchner Moos,** Lebensraum für seltene wiesenbrütende Vogelarten, und speist den Simssee.

Keine 100 Meter weiter, von unserem Standort aus nicht sichtbar, mündet ein weiterer Zufluss, die Thalkirchner Achen, in den Simssee. Beide Fließgewässer treiben trotz ihrer geringen Strömung die Verlandung des Simssees allmählich voran, indem sie ununterbrochen Schwebstoffe und Kies transportieren. Ein Blick auf historische Karten veranschaulicht, dass sich vor rund 200 Jahren die nördliche Uferlinie des Simssees ungefähr mit dem Verlauf der heutigen Nebenstraße deckte.

Auf der bewegen wir uns nun, dem Radwegweiser **Simssee-Rundweg** folgend, auf das Dorf Thalkirchen zu – zunächst am Thalkirchner Erlenwald entlang, dann an einigen Streuobstwiesen vorbei. Am Ortsrand sehen wir das erste Mal die Thalkirchner Achen. Sie umfließt die auf einer Anhöhe, hinter einer Seitenmauer liegende **5 Kirche St. Andreas,** die um 1100 gebaut wurde und vermutlich die Urkirche dieser Umgebung war. Unmittelbar vor der Brücke, die über die Achen führt, biegen wir links auf einen Schotterweg. Er bringt uns am Flussufer entlang in den Weiler **Letten** und endet an der Kreisstraße (RO 16). Wir biegen zunächst links auf die Kreisstraße, verlassen sie aber bei der nächsten Gelegenheit (Wegweiser **Simssee-Rundweg**) nach rechts und folgen den Schildern Richtung **Ulperting/Achtal.** Die nächsten 1,5 Kilometer verläuft der teils asphaltierte, teils schotterige Weg abwechselnd durch Wald und Grünland. Zur Rechten mäandert die Thalkirchner Achen durchs Tal. Wir

Antworter Achen

Kirche St. Andreas oberhalb der Thalkirchner Achen

queren sie nahe Unterachthal über eine Brücke (Wegweiser **Irnkam/Schralling/Moosen**). Sodann geht es einen kurzen, steilen, teils bewaldeten Anstieg nach **Irnkam** hinauf. Auf halber Strecke steht in einer Linkskurve am Straßenrand eine Ruhebank, deren Angebot zum Verschnaufen wir dankbar annehmen.

Wieder bei Atem, geht's weiter. Etwa 200 Meter bevor wir einen Hügelkamm erreichen, begrüßt uns zur Rechten der Giebel des ältesten Bauernhofs im Ort, der auf der Liste der geschützten Baudenkmäler steht und Mitte des 19. Jahrhunderts errichtet worden ist. Links von der Straße recken sich in einiger Entfernung schon Vorboten der Chiemgauer Alpen empor. Mit dem Erreichen der Kuppe öffnet sich das sanft hügelige Land und weitet sich die Sicht: Vor uns entfaltet sich ein grünes Meer aus landwirtschaftlichen Nutzflächen, auf denen überwiegend Gräser und krautige Pflanzen für die Viehwirtschaft wachsen. Und am Horizont haben sich die Vorboten inzwischen zum geschlossenen Gebirgsband ausgewachsen. Mit diesem wunderschönen Landschaftsbild wird die Mühe des Anstiegs belohnt – eine gute Investition!

Wir bleiben auf dem Hauptweg und folgen dem Wegweiser Richtung **Schralling, Moosen, Pietzing.** An einer T-Kreuzung biegen wir links (Radwegweiser „Simssee Rundweg") auf den Rad- und Fußweg ein, der die Kreisstraße (RO 16) begleitet. Zunächst durchqueren wir das Dorf **Schralling** und erreichen kurz danach **Moosen.** Am Ortseingang endet der Radweg, wir wechseln auf die Straße, die wir am Ortsausgang nach dem letzten Haus nach rechts auf einen schmalen, schotterigen Fußweg verlassen. Da weit und breit keine Passanten unterwegs sind – andernfalls würden wir absteigen und schieben – rollen wir nun langsam an einer Pferdekoppel entlang. Nachdem wir eine kleine Bauminsel passiert haben, gibt es ein Wiedersehen mit dem Simssee: Von Bäumen gesäumt, blinzelt er uns aus etwa 1 Kilometer Luftlinie Entfernung als schmaler blauer Streifen an. Der leicht abschüssige Weg endet an der asphaltierten Pietzing-Straße, die hier auf die **RO 16** trifft. Auf die biegen wir rechts ab, um sie nach 700 Metern am beschilderten Abzweig zum **Badeplatz Pietzing** wieder zu verlassen. Wer mag, kann hier einen kurzen Abstecher zum Strandbad mit Kiosk, Spielplatz und Volleyballfeld machen. Wir hingegen biegen auf den rechts neben der Kreistraße RO 16 verlaufenden Schotterweg, der als Rad- **(Simssee-Rundweg)** und Fußweg **(Simsseewanderweg)** beschildert ist. Schon nach wenigen Metern löst sich der Schotterweg von der Kreisstraße und leitet uns zunächst durchs schattige Lohholz, danach mitten durch die sonnigen Seewiesen, über deren dichte Schilfzonen hinweg wir den Simssee sehen. Nach einer mit einem Holzgeländer gesicherten Brücke, die über den Angerbach führt, treffen wir auf die Straße **Am See,** die uns rechts zum

Strandbad Ecking

❻ **Badeplatz Ecking** und zum Restaurant ❼ **Seewirt** bringt. Das Lokal, das seit schon seit vielen Jahren die Gaumen seiner Gäste mit Schmankerln aus saisonaler Küche verwöhnt, hat neben Wintergarten und Terrasse auch noch einen Bootsverleih, Kiosk und Fremdenzimmer zu bieten. Wir kehren im putzigen Strandbad ein, versorgen uns beim Seewirt mit erfrischenden Getränken und genießen unsere Brotzeit bei freier Sicht auf den See und die wundervolle Landschaft.

Vollkommen ausgeruht geht's wieder auf die Räder und die Straße **Am See** zurück. Kurz bevor wir auf die RO 16 treffen, halten wir uns rechts und folgen nun konsequent der Beschilderung **Simssee-Rundweg.** Sie leitet uns zuverlässig durch das zauberhafte Naturschutzgebiet, das sich wie ein breiter grüner Fächer ums gesamte Südufer legt. Während der Durchfahrt überqueren wir auf schmalen Brücken die Abflüsse Sims und Neue Achen, zwischen denen die feuchten ❽ **Achalterwiesen** mit ihrem hohen Schneidriedbestand liegen. Gegebenenfalls müssen wir hier absteigen und ein Stück schieben. Wir bleiben auf dem Hauptweg, der sich immer in Ufernähe bewegt, und ignorieren alle Abzweige. Nachdem wir einige Stationen eines Vogellehrpfads passiert haben, gelangen wir an eine Kreuzung, an der wir links auf den **Graf-Dohna-Weg** Richtung **Baierbach** abbiegen. Wir radeln an Feuchtwiesen entlang, auf denen Myriaden von Lichtnelken rot und Sumpf-Dotterblumen gelb blühen. Vor uns überragt in einiger Entfernung der spitzhelmförmige Turm der Filialkirche St.-Magdalena – ein Baudenkmal, dessen Anfänge um 1500 datieren – das Örtchen Baierbach. Nach dem Wanderparkplatz treffen wir auf die **Simsseestraße,** die hier parallel zum Bahndamm verläuft. Wir halten uns rechts und erreichen nach rund 1 Kilometer unseren Ausgangspunkt. Hinter uns liegt eine schöne Tour, auf der wir über weite Strecken abseits der Strandbäder und Lokale allein auf weiter Flur waren.

Bad Endorf
Antwort
Antworter Achen
Prutting
Krottenmühl
Mühlenstraße
Thalkirchner Achen
Hirnsberg
Thalkirchen
Letten
Wolkering
Edling
Simssee
Schralling
Unterachthal
Irnkam
Baierbach
Pietzing
Moosen
Ostgatternstraße
Simsseestraße
Bahnweg
Beuerberg
Stephanskirchen
Sims
P
1
2
3
4
5
6
7
8

ALLES AUF EINEN BLICK

Entspannung 4/5
Abenteuer 4/5
Vielfalt 5/5

WIE & WANN

Asphaltierte Straßen, Schotter- und Radwege; April bis Oktober sowie an trockenen Tagen in der kalten Jahreszeit.

HIN & WEG

Auto: Parkplatz Strandbad Baierbach, Simsseestraße, 83071 Stephanskirchen
ÖPNV: Keine direkte Anbindung

ESSEN & ENTSPANNEN

1 **Simsseekiosk „Kurvenwirt" Baierbach,** Simsseestraße 428, 83071 Stephanskirchen, Tel. (0 80 36) 76 41, www.badekiosk-team-chiemgau.de
2 **Simssee-Stuben,** Seestraße 41, 83139 Söchtenau-Krottenmühl, Tel. (0 80 53) 79 64 64, www.simssee-stuben.de
7 **Seewirt** (am Badeplatz Ecking), Am See 27, 83083 Riedering-Ecking, Tel. (0 80 36) 12 89, www.seewirt.de

ENTDECKEN & ERLEBEN

2 **Badeplatz Krottenmühl,** Seestraße 41, 83139 Söchtenau-Krottenmühl
3 **Aussichtsturm Simssee**
4 **Antworter Achen** und **Thalkirchner Moos**
5 **Kirche St. Andreas,** Rain 14 b, 83093 Bad Endorf-Thalkirchen
6 **Badeplatz Ecking,** Am See 27, 83083 Riedering-Ecking
8 **Achalterwiesen**

Kunst am Wegesrand in Pittenhart

Dreiseentrip

Obing via Seeon und Pittenhart

Wir starten in Obing, und zwar am Parkplatz des ❶ **Strandbads am Obinger See.** Der nur rund 14 Meter tiefe Naturbadesee lockt während der Sommersaison mit angenehmen Badetemperaturen. Das Strandbad wartet mit einer großen Liegewiese, einem ansprechenden Kiosk und einer Servicestation für Fahrräder auf – und soll den erfrischenden Schlussakkord der Radltour bilden, in die wir nun einsteigen.

Wir verlassen den Parkplatz nach rechts auf die **Seestraße.** Sie deckt sich teilweise mit dem Seerundweg bzw. Skulpturenweg, den seit 1999 über 20 Objekte zeitgenössischer Bildhauer aus der Region zieren. Die erste Skulptur sehen wir im Weiler **Jepolding:** ein riesiger ❷ **„Kreisel"** von Ute Lechner und Hans Thurner. Wie es auf einer Infotafel heißt, symbolisiert er als geometrische Grundform die organisierte Seite der materiellen Welt, aber auch die unendliche Bewegung.

Kurz vorm Obinger Seebach, nach dem Seerundweg und Seestraße getrennte Wege gehen, halten wir an und betrachten im Gras eine weitere Skulptur: ❸ **„Schattenfiguren"** von Jürgen Thal. Dahinter blinzelt uns über eine Schilfrohrzone hinweg der See mit seinem Blau an. Zudem wirft uns der hohe, schlanke Turm von Obings denkmalgeschützter Hallenkirche St. Laurentius ein freundliches Hallo zu.

Auf der Seestraße erreichen wir schließlich die **Altenmarkter Straße** (T-Kreuzung), auf die wir links abbiegen, um gleich wieder rechts auf den die **Staatsstraße (St 2094)** begleitenden Radweg Richtung **Seeon** abzuzweigen.

__Obing__ ist zugleich Dorf und Gemeinde und liegt 10 Kilometer nördlich des Chiemsees im Gebiet der Chiemgauer Seenplatte. Die erste urkundliche Erwähnung datiert von einer Schenkung des Bayernherzogs Theodebert an das Erzstift Salzburg im Jahr 716.

Kilometer: 26
Höhenmeter: 300
Stunden: 3
RUNDTOUR

Kapelle Großbergham

Zu beiden Seiten von Feldern flankiert, nähern wir uns einem Waldstück. Unmittelbar davor biegen wir links ab und folgen dem Radwegweiser Richtung **Griessee** und **Seeon.** Der schottrige Wirtschaftsweg lenkt uns, vom Radwegweiser sicher geleitet, in die Dorfmitte von **Großbergham.** An der T-Kreuzung radeln wir links auf die asphaltierte **Griesseestraße.** Am Ortsausgang in Richtung **Landertsham** (Schild) passieren wir eine kleine Kapelle. Sie ist weiß getüncht mit Satteldach und wurde in der ersten Hälfte des 19. Jahrhunderts errichtet.

Für die Seele

Erst beglückt uns das Naturschutzgebiet der Seeoner Seen, dann erquickt uns ein ländliches Idyll.

Die Straße hat nun ein leichtes Gefälle, wir lassen die Räder rollen. Am Wanderparkplatz folgen wir dem Radwegweiser nach rechts Richtung **Griessee** zum gleichnamigen **4 Strandbad.**

Hier ist ein weiterer Besucherparkplatz. Wir schauen uns das Gelände samt Biergarten an, es macht einen einladenden Eindruck. Badebetrieb herrscht aber nicht, dafür ist es noch zu früh.

Im Naturschutzgebiet Seeoner Seen liegt der ***Griessee.*** *Von Wald umgeben, zählt der fischreiche Moorsee zu den wärmsten Seen Bayerns. Er ist am Ende der letzten Eiszeit aus einem Toteisblock entstanden. Der See ist 470 Meter lang und 200 Meter breit.*

Wir verlassen das Areal, radeln nach rechts am Besucherparkplatz entlang, an einer Schranke vorbei und bleiben stets in Ufernähe. Kurz darauf erreichen wir am östlichen Seeufer eine zweite **5 Badestelle** mit Bootshäusern, Holzstegen und einem Sprungturm im Wasser. Welch ein Idyll! Wer es eine Nummer kleiner und stiller mag, ist hier goldrichtig. Wir lassen uns auf einer Bank am Ende des Stegs nieder und von den Sonnenstrahlen das Gesicht streicheln. Eine Kulisse wie aus dem Bilderbuch – traumhaft schön. Es geht weiter, aber klar ist: Wir kommen wieder!

An einer Gabelung halten wir uns links. Der Weg führt uns zunächst am Waldrand entlang, bei der ersten Gelegenheit geht es rechts in den Wald hinein. Der Waldweg ist schmal und weich, zuvor hatte es tagelang geregnet, und steigt zunehmend an. Wir steigen ab und schieben den Hang hinauf. Erst geht es geradeaus, dann scharf links, bis uns der Wald an einer Streuwiese entlässt. Wir folgen dem Wegweiser nach rechts Richtung **Kloster Seeon.** Der Wiesenweg bringt uns in den Wald, wo sich der Weg etwas verbreitert. Wir fahren geradeaus, ignorieren alle Abzweigungen, stets von Wegweisern nach Kloster Seeon gelenkt, bis wir auf eine T-Kreuzung und die asphaltierte **Seeleitenstraße** treffen. Wir halten uns links und fahren an der nächsten Gabelung rechts. Ein Warnschild am Straßenrand zeigt uns an, dass wir nach 900 Metern mit einer erhöhten Anzahl von Fußgängern in Fahrbahnnähe rechnen müssen. Ein sicheres Indiz, dass das **Kloster Seeon** in der Nähe ist. Insbesondere an sonnigen Tagen ist die ehemalige Benediktinerabtei, die heute als Kultur- und Bildungszentrum regelmäßig Ausstellungen und Konzerte anbietet, ein wahrer Publikumsmagnet.

*Die einstige Benediktinerabtei **Seeon** mit der Klosterkirche St. Lambert ist eines der schönsten historischen Ensembles im Chiemgau mit romanischen, gotischen und barocken Stilelementen. Die schöne Lage auf der Insel im Klostersee ist von großer Attraktivität.*

Wir radeln die Straße hinunter und biegen vor dem Seeoner See, nach dem Ortsschild an einer Holzscheune, scharf rechts (Wegweiser **Weinbergrunde**) auf einen Schotterweg ab. Der bringt uns in Ufernähe an der **6 Mozart-Eiche** (siehe Tour 1, S. 10) vorbei zur Kirche St. Walburgis am Klosterweg.

Da wir das **7 Kloster Seeon** mit seiner **Klostergaststätte** und der Klosterkirche St. Lambert auf unserer Tour 1 besucht haben, lassen wir es heute links liegen. Wir radeln nach rechts zur **Staatsstraße (St 2094)** und biegen links auf sie ein, verlassen sie jedoch sogleich wieder nach rechts auf den **Klosterweg (TS 22)** Richtung **Wattenham.** Nun beginnt im wechselnden Auf und Ab ein längerer Streckenabschnitt, den man trefflich als Bummel auf zwei Rädern durch ein ländliches Idyll charakterisieren könnte. Zehn Dörfer, Weiler und Einöden werden wir auf den nächsten 14 Kilometern bis Pittenhart streifen oder durchfahren.

Wattenham macht den Auftakt. Wenige Meter vor dem Abzweig in den kleinen Ort steht am linken Straßenrand eine Martersäule aus Granit aus dem Jahr 1703. Danach biegen wir nach links ab und durchfah-

Badestelle am Ostufer des Griessees

ren die von Grünland gesäumte Siedlung in einem großen Rechtsbogen. Am Ende setzt sich die asphaltierte Straße als Wirtschaftsweg fort, der uns an einer Streuobstwiese vorbei wieder zur Kreisstraße (TS 22) bringt. Auf ihr gelangen wir – teils in einem kräftigen Anstieg – nach **Oberbrunn.** Auf Höhe von Schloss Oberbrunn (Seeoner Straße), das heute als Meditations- und Bildungszentrum verschiedener spiritistischer Gemeinschaften dient, biegen wir rechts auf die abschüssige **Pittenharter Straße** ab. Nach einer Linkskurve wechseln wir nach links auf die **Niederbrunner Straße** (Radwegweiser **Amerang** und **Fremdling,** Ortswegweiser **Niederbrunn**). Ab jetzt bleiben wir auf dem Hauptweg, der uns mehr oder weniger schnurgerade durch **Niederbrunn, Wimm** und **Fremdling** bis nach Hinzing lenkt. Unterwegs genießen wir die herrliche, bäuerlich geprägte Landschaft mit ihren Höfen, Wiesen und Feldern. Und aus der Ferne grüßen immer mal wieder die Chiemgauer Alpen samt Kampenwand mit Hahnenkamm.

An der T-Kreuzung in **Hinzing** schwenken wir erst nach links auf die **Kreisstraße (TS 21),** dann gleich wieder nach rechts (Radwegweiser **Amerang** und **Höslwang**). Es geht leicht, aber beständig bergauf. Wir kommen an der Einöde **Rothbuch** vorbei, sehen Felder, so weit das Auge reicht, dazwischen liegen wie eingestreut Höfe und Dörfer. Nahe **Nöstlbach** fahren wir an einer T-Kreuzung links auf die **Kreisstraße (TS 50).** Nach wenigen Metern geht's dann nach rechts ins Dorf, dessen wenige Straßen alle den Ortsnamen tragen – wer hier jemanden sucht, muss die Hausnummer oder den Familiennamen kennen, sonst ist man aufgeschmissen. An einer Weggabelung halten wir uns rechts, lassen Nöstlbach hinter uns und erreichen auf einer schmalen asphaltierten Straße die Einöde **Apping:** zwei Höfe, ein Wirtschaftsgebäude, das war's. Hier folgen wir dem Radwegweiser nach rechts einen Schotterweg hinauf zum Weiler **Maiering.** An der T-Kreuzung neben der großen Weilerkapelle mit dem turmartigen Dachreiter wenden wir uns nach rechts und radeln eine leicht abschüssige Straße bis zur Kreisstraße (TS 50) hinunter. Die überqueren wir geradeaus und gelangen auf einen Wirtschaftsweg. Wir steuern auf einen Wald zu, der als ein dichter grüner Riegel aus Bäumen zwischen uns und Pittenhart liegt. Am Waldrand halten wir uns an einer Weggabelung rechts und durchqueren den Wald, alle Abzweigungen ignorierend, immer geradeaus, fast durchgängig leicht bergab. Nach 1,5 Kilometern entlässt uns der Forst ins Freie. Über Felder hinweg lacht uns **Pittenhart** an. Aus der Mitte des Pfarrdorfs erhebt sich der Spitzturm der vermutlich im 15. Jahrhundert erbauten Kirche St. Nikolaus wie ein erhobener Zeigefinger, der auf den weiß-blauen Himmel deutet.

Am Vorfahrt-achten-Schild schwenken wir rechts auf die **Aindorfer Straße** ein, die innerorts mit der **Bahnhofstraße** verschmilzt. Wir passieren St. Nikolaus. Aus

Hammerschmiedeweiher bei Oberbrunn

der Nähe wirkt der Zeigefingerturm noch einmal so hoch. Schräg gegenüber an der Waldstraße leuchtet uns die beige Fassade des 8 **Gasthofs Alte Zollstation** entgegen. Bereits im 14. Jahrhundert erbaut, wurde das Haus 2016 aufwendig restauriert. Und da Radeln hungrig und durstig macht, kehren wir ein. Eine gute Wahl!

Wohlgenährt und gestärkt geht's wieder aufs Rad. Wir verlassen den Parkplatz des Gasthofs nach rechts und radeln auf der Waldstraße einen Hügel hinauf. Am Ortsausgang weist uns ein Schild den Weg nach **Obing,** die asphaltierte Straße geht hier in einen Schotterweg über. Wir lassen alle Abzweige Abzweige sein und bleiben auf dem Hauptweg. Mitten im Wald stoßen wir an einer Wegkreuzung auf eine kleine 9 **Pestkapelle,** die um 1860 zum Gedenken an die Pesttoten aus der Zeit des Dreißigjährigen Kriegs erbaut wurde.

Sodann radeln wir geradeaus weiter und erreichen schon bald den Ortsrand von **Obing,** wo der Waldweg in die asphaltierte **Pestkapellenstraße** mündet und zu einem Kreisverkehr führt, den wir an der zweiten Ausfahrt auf die **Poststraße** verlassen. An der nächsten Kreuzung biegen wir rechts in die **Bahnhofstraße** (links kämen wir zum **Bahnhof Obing,** dem Endpunkt der **Lokalbahn „LEO"**).

Wir fahren zur **Wasserburger Straße** (T-Kreuzung), wo wir nach rechts schwenken. An der nächsten Kreuzung mit Ampelanlage folgen wir dem Radwegweiser nach links auf die **Kienberger Straße** Richtung **Obinger See.** Am Ortsrand, zur Rechten, rückt der See in den Blick. Wir biegen halb rechts auf den **Seerundweg** ein, der uns an zwei Skulpturen vorbei zur **Kienberger Straße** bringt. Wir halten uns rechts, an einer Gabelung erneut rechts und befinden uns jetzt auf der Seestraße, die uns an weiteren Skulpturen entlang direkt zum Strandbad Obing ins Ziel bringt. Schnell die Räder auf den Träger gehievt, dann belohnen wir uns mit einem Erfrischungsbad im See.

*Die Bahnstrecke Endorf–Obing wäre längst Geschichte, gäbe es den Chiemgauer Lokalbahn e.V. nicht. Er hat die Strecke wieder betriebsbereit gemacht, seit 2006 rollt die liebevoll **LEO genannte Lokalbahn** wieder: von Mai bis Oktober, an Sonn- und Feiertagen.*

Kapelle und Pestsäule in Obing

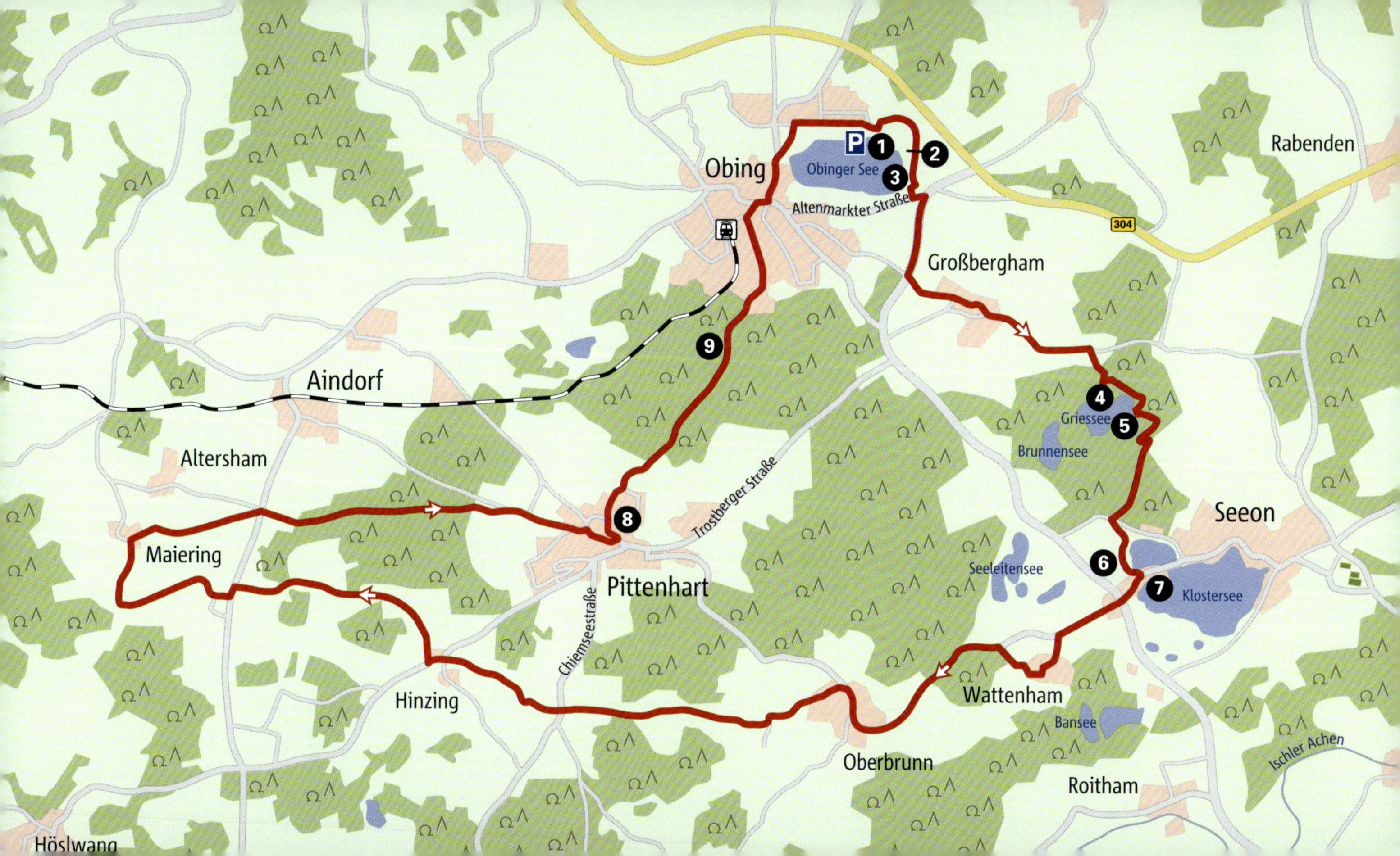

Obing
Obinger See
Altenmarkter Straße
Rabenden
304
Großbergham
Aindorf
Griessee
Brunnensee
Seeon
Klostersee
Seeleitensee
Altersham
Trostberger Straße
Maiering
Pittenhart
Chiemseestraße
Hinzing
Wattenham
Bansee
Oberbrunn
Roitham
Ischler Achen
Höslwang

ALLES AUF EINEN BLICK

Entspannung
Abenteuer
Vielfalt

WIE & WANN

Asphaltierte Haupt- und Nebenstraßen, Schotter-, Wirtschafts-, Wiesen-, Wald- und Radwege; ideal April bis Oktober.

HIN & WEG

Auto: Parkplatz Strandbad Obing, Seestraße 40, 83119 Obing
ÖPNV: Bahnhof Obing (www.chiemgauer-lokalbahn.com; verkehrt nur saisonal an Sonn- und Feiertagen); Einstieg in die Tour an der Kreuzung Bahnhofstraße/Poststraße in Obing

ESSEN & ENTSPANNEN

7 **Klostergaststätte** und **Seeterrasse,** Klosterweg 1, 83370 Seeon-Seebruck, Tel. (0 86 24) 89 70, www.kloster-seeon.de/kulinarik
8 **Gasthof Landhotel Alte Zollstation,** Trostberger Straße 1, 83132 Pittenhart, Tel. (0 86 24) 8 79 89 57, www.altezollstation.de

ENTDECKEN & ERLEBEN

1 **Strandbad Obing,** Seestraße 40, 83119 Obing, Tel. (0 86 24) 8 75 95 80, www.strandbad-obing.de
2 **Skulptur „Kreisel"**
3 **Skulptur „Schattenfiguren"**
4 **Strandbad Griessee,** Großbergham 16, 83119 Obing, Tel. (0 86 24) 22 80
5 **Badestelle** am Ostufer des Griessees
6 **Mozart-Eiche**
7 **Kloster Seeon,** siehe ESSEN & ENTSPANNEN
9 **Pestkapelle,** Pestkapellenstraße, 83132 Pittenhart

Filmkulisse

Rund um den Waginger See

Für die bayerische Erfolgsserie „Dahoam is Dahoam" hat das Bayerische Fernsehen die Gemeinde Lansing erfunden. Viele der über eine Million Zuschauer in ganz Deutschland glauben, der Ort liege irgendwo im Alpenvorland. Tatsächlich wird die täglich ausgestrahlte Serie in einer Dachauer Fabrikhalle gedreht. Lediglich die regelmäßig eingeblendete Landschaftsidylle mit Bergen und Seen gibt es wirklich. Hierfür kommen malerische Ansichten und Landschaftsaufnahmen aus verschiedenen Jahreszeiten rund um das Dorf Tettenhausen im Kreis Traunstein am Waginger See zum Einsatz. Diesen Ort werden wir auf unserer Tour streifen. Wer die Sendung schätzt und schaut, wird sicherlich den einen oder anderen Hintergrund wiedererkennen.

*Die Bezeichnung **Waging „am See"** ist irreführend. Tatsächlich grenzte der Kurort bis 1867 ans Seeufer. Dann wurde der Abfluss Götzinger Achen tiefergelegt, um Neuland zu gewinnen. Die Folge: Der Wasserspiegel fiel 2 Meter, der See ging auf Distanz.*

Wir verlassen den Parkplatz nach rechts auf den die **Salzburger Straße** begleitenden Radweg. Schräg gegenüber der Tourist-Information Waginger See (Hausnummer 32) biegen wir rechts in die **Strandbadallee** ab. Auf Höhe der rechts abgehenden Zwieselstraße schwenken wir links auf einen dann weiter in Fahrtrichtung verlaufenden Weg **(Anlieger-frei-Schild),** der uns am nordöstlichen Ende des örtlichen Kur- und Erholungsparks entlangführt. Auf einer schmalen Brücke überqueren wir den Höllenbach, einer der größten Zuflüsse des Waginger Sees. An der folgenden T-Kreuzung fahren wir rechts auf den asphaltierten **Fischinger Weg,** der uns geradeaus unter der querenden Staatsstraße (St 2105) hindurchführt, nahtlos in den **Waginger Weg**

Kilometer: 22
Höhenmeter: 250
Stunden: 2
RUNDTOUR

*Streng genommen bewegen wir uns am Waginger See im **Rupertiwinkel,** der von 1275 bis 1803 zum Erzstift Salzburg zählte und an die Ostgrenze des Chiemgaus stieß. Seither gehört die Region zu Bayern. Diverse Chiemgau-Radkarten beinhalten stets auch Waging-Touren.*

übergeht und uns in die Ortsmitte von **Fisching** lenkt. An einer T-Kreuzung biegen wir rechts auf die **Kurhausstraße** ein und bei der nächsten Möglichkeit links auf die Straße **Zum Seeteufel.** Vom Verkehrsschild Sackgasse lassen wir uns nicht irritieren: Die Straße verengt sich nach 100 Metern zum Rad- und Fußweg. An der Weggabelung am Ende der Siedlung halten wir uns links. Nach einem weiten, von Wiesen flankierten Rechtsbogen tauchen wir in ein Waldstück ein, das uns kurz darauf am **1 Strandbad Seeteufel** wieder entlässt und uns den ersten Blickkontakt mit dem Waginger See beschert.

Wir verzichten zwar auf ein Erfrischungsbad, doch erleben wir das kleine, aber feine (und nicht überlaufene) Naturbad als sehr einladend: Es gibt eine putzige Liegewiese, Schattenplätze, Nichtschwimmerbereich, Umkleide und Kiosk, an dem man auch Pommes erhält.

Brücke am Strandbad Tettenhausen

Wir radeln weiter. Unmittelbar vor der Staatsstraße (St 2105) folgen wir dem Radwegweiser nach rechts durch eine Unterführung, die uns sicher auf die andere Seite bringt. Wir überqueren die Seestraße, die hier auf die Staatsstraße trifft, und scheren geradeaus auf den Radweg (Wegweiser Richtung **Tengling/Taching**) neben der Staatsstraße ein. Nach 400 Metern passieren wir den Zintenbach, einen zweiten Zufluss des Waginger Sees, und 300 Meter weiter unterqueren wir die Staatsstraße, indem wir dem Radwegweiser Richtung **Tettenhausen** folgen. Der durch einen Grünstreifen von der Kreisstraße (TS 26) getrennte Radweg lenkt uns an einem Landschaftsschutzgebiet entlang bis zur Brücke, die über der schmalen Verbindungsstelle zwischen Waginger See und Tachinger See liegt.

Für die Seele

Oberbayerns wärmster See verwöhnt uns mit Bergpanoramen, Kornblumen und Kneipp'scher Frische.

Mit einer Durchschnittstemperatur im Sommer von 27 Grad Celsius ist der ***Waginger See*** *Oberbayerns wärmster See. Er ist vom etwas kälteren Tachinger See durch eine Engstelle getrennt, über die eine Brücke führt. Beide Gewässer sind äußerst fischreich.*

Nach Süden geht der Blick über den Waginger See hinweg bis zu den Alpen. Neben der Brücke schmiegt sich das ❷ **Strandbad Tettenhausen** nebst ❸ **Restaurant Badwirt** und Kiosk ans flach abfallende Ufer. Dahinter liegt ein großer Campingplatz für Kurz- und Dauercamper. Auch Bootssteg, Bootsanleger und Bootsliegeplätze sind vorhanden. Auf der anderen Seite der Brücke hat man einen nicht weniger schönen Blick über den Tachinger See nach Norden. Nur statt der Alpen sieht man das hügelig gewellte Land und – wer Adleraugen hat – die beige Fassade der Wallfahrtskirche St. Coloman. Wir speichern die lieblichen Eindrücke und treten in die Pedale nach **Tettenhausen** – oder wie die Einheimischen sagen: „Denhausen". Das ist der einzige Ort, der auch nach der Absenkung des Wasserspiegels vor rund 150 Jahren immer noch direkt am Waginger See liegt und anders als etwa Waging den Zusatz „am See" verdient hätte. Dafür nennt sich Tettenhausen Zweiseendorf, abgesehen von seiner Rolle in „Dahoam is Dahoam" ein weiteres touris-

Kirche Tettenhausen

tisches Alleinstellungsmerkmal; zudem klingt die Bezeichnung etwas verträumt und nach Idylle.

Weiter geht's in den Ort hinein: erst leicht abwärts, dann leicht bergauf. Kurz nachdem wir eine Natursteinmauer passiert haben, biegen wir rechts ab (Wegweiser **Gut Horn**). An einer Weggabelung halten wir uns links, überqueren sofort die Horner Straße und radeln auf einem schmalen Fuß- und Radweg zum **Kirchplatz** hinauf. An der Umfriedung der St.-Florian-Kirche entlang treffen wir wieder auf die **Hauptstraße,** wo wir den Radwegweisern Richtung **Fridolfing/Kirchanschöring** nach rechts folgen. Wenige Hundert Meter weiter biegen wir rechts auf die **Wolkersdorfer Straße** ab und folgen dem Radwegweiser Richtung **Petting** und **Kirchanschöning.** Kurz danach schwenken wir rechts auf einen Feldweg ein, der sich sogleich gabelt. Wir halten uns links und radeln, beidseitig von weiten Grünflächen flankiert, durch ein ausgewiesenes **4 Kiebitzbrutgebiet.**

*Der **Kiebitz** ist auch in Bayern vom Aussterben bedroht. Seine Brutplätze liegen in offener, baumfreier Landschaft am Boden. In den Wiesen bei Gut Horn wurden häufig Brutversuche beobachtet. Der Vogel ist scheu. Daher gilt: Die Wiesen nicht betreten.*

Falls man diesen etwa taubengroßen, sehr scheuen Wiesenbrüter überhaupt zu Gesicht bekommen sollte, ist er leicht an der langen zweizipfligen Haube zu erkennen. Sein Hinterkopf und Bauch sind weiß, sein Gesicht samt Schnabel, Brustband und Flügeln ist schwarz. Um ihn nicht zu verschrecken, radeln wir schweigend weiter. Zur Rechten blinzelt aus einiger Entfernung hinterm Horner Moos immer wieder der Waginger See zwischen den Bäumen am Ufer hervor.

An einer T-Kreuzung fahren wir links und erreichen leicht ansteigend **Wolkersdorf.** In der Ortsmitte lassen wir den Maibaum rechts liegen und folgen dem Radwegweiser Richtung **Petting** und **Lampoding.** Am Ortsrand steht eine Scheune, gleich daneben zwei Bienenstöcke. Mehrere Infotafeln, die der Imkerverein Kirchanschöring aufgestellt hat, informieren uns über den Nutzen von Bienen für Mensch und Natur.

Beeindruckt und etwas schlauer setzen wir unseren Weg fort, stets gut geleitet von Radwegweisern. An der **Kreisstraße (TS 23)** fahren wir rechts und biegen nach wenigen Metern mit dem Radwegweiser **Petting (über Wirtschaftswege)** erneut rechts in eine Hofzufahrt ein. Vom „Durchfahrt verboten"-Schild, das nach 100 Metern greift, sind landwirtschaftliche Fahrzeuge und Räder ausgenommen. Wir passieren eine kleine Hauskapelle und durchqueren den Weiler **Kronwitt.** Sodann empfängt uns wieder Grünland, so weit das Auge reicht. Große Flächen davon sind von Hunderten, ja Tausenden Kornblumen durchsetzt. Deren wunderschöne blaue Kronen scheinen überm grünen Pflanzenmeer zu schweben. Nur hie und da sticht eine einzelne rote Mohnblüte heraus. Wir halten inne und betrachten das naturfarbene Gemälde in aller Ruhe und Stille.

Weiter geht's dem Horizont entgegen. Der erinnert ein wenig an eine Abbruchkante, an der die Ebene erst jäh in die Tiefe stürzt, um danach wieder als alpine Felsmasse aufzuerstehen. Der Weg zieht erst leicht an, danach rollen wir den Hügel hinab. Nach einer Hof-

Der Imkerverein Kirchanschöring informiert

durchfahrt (Langsam fahren!) geht der namenlose Weg in den **Buchenweg** über, der schließlich auf die **Staatsstraße (TS 23)** trifft. Wir wenden uns nach rechts (Radwegweiser **Schönram/Petting**) auf den Radweg neben der TS 23, passieren das Dorf **Kühnhausen,** um bei nächster Gelegenheit rechts auf die **Strandbadstraße** einzuschwenken. Sie lenkt uns zum **5 Seewirt.** Auf seiner einladenden Seeterrasse genießen wir einen herrlichen Augenschmaus auf den See. Einen Badestrand gibt es natürlich auch, und gleich nebenan ist ein Campingplatz mit Bootsverleih.

Nach einer kleinen Stärkung fahren wir auf demselben Weg zurück zur Staatsstraße, überqueren diese und folgen dem Radweg nach rechts. Der bringt uns erst durchs Wäldchen Seeholz, dann über die Götzinger Achen, die den Waginger See entwässert, bis an den Ortsrand von **Petting,** wo er endet. Wir wechseln die Straßenseite und fahren auf der **Seestraße** ortseinwärts. Unmittelbar nach einem Vorfahrt-Schild biegen wir rechts in die **Seestraße 39 b + 39 c** (Radwegweiser **Waging**) ab. Der gut beschilderte Weg führt uns am Südufer des Waginger Sees entlang, wo sich ein breiter

Schilfgürtel entfaltet. Wir bewegen uns zwischen Grünlandflächen, Streuwiesen und abgeernteten Maisfeldern. Nach einem dichten Waldstreifen, den wir durchqueren, folgt ein kleiner Anstieg, der an der Staatsstraße St 2104 endet. Wir folgen dem Wegweiser nach rechts auf den Radweg Richtung **Waging** und begleiten die Staatsstraße nun ganze 4,5 Kilometer. Kurz nach dem Abzweig zum Camping Schwanenplatz verlässt der Radweg die Staatsstraße und leitet uns zwischen Feldern auf einen Baumstreifen zu. An einer T-Kreuzung fahren wir rechts und folgen dem Wegweiser nach **Taching/Strandbad.** An der **6 Kneippanlage Haselbrunn** legen wir einen Zwischenstopp ein. Die Räder parken, Schuhe aus – und schon staken wir Kneipp-gerecht barfuß durchs eiskalte Wasser, das uns bis zu den Waden reicht. Das erfrischt spürbar und belebt. Auf einer Sitzbank lassen wir die Füße in der Sonne wärmen und trocknen, danach folgt die zweite Wasserrunde.

Wieder auf dem Rad, spüren wir, wie sich Füße und Waden zügig erwärmen. Unmittelbar vor einer Kreuzung fahren wir links Richtung **Waging Mitte** (Radwegweiser). Die Straße **Am See** geht nahtlos in die **Strandbadallee** über, die am Kurpark entlangführt. Schließlich treffen wir auf die **Salzburger Straße,** an der unser Ausgangspunkt liegt.

Kneippanlage Haselbrunn

Taching
am See
Tachinger
See
Tettenhausen
Wolkersdorfer Straße
Wolkersdorf
Kirchanschöring
Waging
am See
Fisching
Lampoding
Waginger See
Gaden
St2105
St2104
Götzinger Achen
Petting
St. Leonhard
am Wonneberg
1
2
3
4
5
6
P

ALLES AUF EINEN BLICK

Entspannung
Abenteuer
Vielfalt

WIE & WANN

Asphaltierte Haupt- und Nebenstraßen, Schotter-, Wirtschafts- und Radwege; ideal April bis Oktober.

HIN & WEG

Auto: Parkplatz Salzburger Straße, 83329 Waging am See
ÖPNV: Bahnhof Waging am See, Zugang zur Route: über Bahnhofstraße, Marktplatz und Salzburger Straße

ESSEN & ENTSPANNEN

3 **Restaurant Badwirt,** Hauptstraße 2, 83329 Waging am See, Tel. (0 86 81) 3 58, www.strandbad-tettenhausen.de/restaurant-tettenhausen
5 **Seewirt,** Strandbadstraße 7, 83367 Petting, Tel. (0 86 86) 9 84 98 50, www.seewirt-petting.de

ENTDECKEN & ERLEBEN

1 **Strandbad Seeteufel,** www.waginger-see.de
2 **Strandbad Tettenhausen** mit Restaurant und Campingplatz, Hauptstraße 2, 83329 Waging am See, Tel. (0 86 81) 16 22, www.strandbad-tettenhausen.de
4 **Kiebitzbrutgebiet**
6 **Kneippanlage Haselbrunn**

Tolle Landpartie

Von Traunreut zum Tachinger See

Wer den Waginger See schon umradelt hat, muss auch dessen „kleinen Bruder" kennenlernen: den Tachinger See. Beide Gewässer sind durch eine schmale Einschnürung miteinander verbunden, über die bei Tettenhausen eine Brücke führt. Da der Waginger See aber fast dreimal so groß ist, nähern wir uns dem Tachinger See mit einem deutlich längeren Anlauf, den wir in Traunreut starten.

Gegenüber vom Parkplatz am Waldfriedhof an der **Münchener Straße** geht's los. Dort fahren wir rechts und gelangen auf dem beschilderten **Stadtrundweg** durch eine Grünanlage an der Hans-Böckler-Straße zur Staatsstraße (St 2104). Die überqueren wir und biegen schräg gegenüber in einen Wirtschaftsweg ein. Dieser bringt uns durch einen schmalen Waldgürtel an einem Solarfeld vorbei eine Anhöhe hinauf in den Weiler **Steineck.** An der T-Kreuzung fahren wir rechts zwischen zwei Höfen hindurch und an der ersten Weggabelung gleich wieder rechts an der Längsseite eines Wohnhauses entlang auf einen Wirtschaftsweg. An der nächsten Weggabelung halten wir uns links und rollen schön langsam zwischen Wiesen und Feldern dem Siebeneichenholz entgegen, einem größeren zusammenhängenden Waldgebiet. Am Waldrand fahren wir links und nach wenigen Metern an einer T-Kreuzung nach rechts in und durch den Wald. Unterwegs sehen wir mehrere Hochstände, zwei liegen direkt am Weg. Infotafeln entnehmen wir, dass wir uns gerade durch eine fürs Wild ausgewiesene Ruhe- und

Kilometer: 40
Höhenmeter: 500
Stunden: 4
RUNDTOUR

Schutzzone bewegen. Wir bleiben stets auf dem Hauptweg, ignorieren alle Abzweige und verlassen den Wald nach gut 1,3 Kilometern, mit Blick auf den Weiler **Unterschilding.** Von Grünlandflächen umgeben radeln wir die Anhöhe zu den wenigen Gebäuden hinauf. Vor den ersten Gebäuden biegen wir links ab auf einen Wirtschaftsweg, der uns bis auf wenige Meter an den Dorfrand von **Höhenstetten** führt. Dort biegen wir scharf rechts ab und gelangen auf einem Wirtschaftsweg an einem Waldstück entlang – seitlich haben wir eine fantastische Fernsicht auf die Chiemgauer Alpen – nach **Jegling.** An der T-Kreuzung am Ortsrand halten wir uns links und radeln kurz darauf an einem Bauernhof entlang, dessen 1856 erbauter **1 Stall- und Stadeltrakt mit Bundwerk** verziert ist – einfach herrlich.

Für die Seele

Wiesen, Äcker, Wälder, Bäche, Seen, Berge: Die pittoreske Taching-Tour beglückt und beseelt zugleich.

Nicht weniger schön ist das Bild, das sich unmittelbar nach dem Hof einstellt. Vor uns weidet eine Herde Schafe mit ihren Lämmern, deren weiße Wollknäuel sich kontrastreich vom satten Wiesengrün abheben. Und dahinter liegt jenseits weitläufiger Felder das malerische Palling, unschwer an der 1876 eingeweihten Pfarrkirche Mariä Geburt mit ihrem 75 Meter hohen Turm zu erkennen. Bereits 788 wurde der Ort mit eigener Kirche erstmals als „Baldilingas" in Schriftstücken erwähnt. Hier sind die berühmten Kletterer Alexander und Thomas Huber aufgewachsen.

Nun lassen wir den Rädern freien Lauf. In einem Rechtsbogen rollen wir an den Schafen vorbei den Hügel hinab zur Kreisstraße **(TS 42).** Links geht's auf dem Radweg neben der Straße nach **Palling.** Dort treffen wir auf an einer T-Kreuzung auf die Traunsteiner Straße. Rechter Hand stocken wir unseren Getränkevorrat bei **Getränke Winkler** mit gekühltem Nachschub auf. Es ist zwar noch längst nicht Mittag, aber schon so heiß, dass wir bereits sehr viel davon verbraucht haben. Sodann überqueren wir die Straße und radeln

*Wer horcht nicht auf, wenn von den „Huber-Buam" die Rede ist. Als Extremkletterer, Weltrekordler und international gefeierte Alpinisten haben **Alexander und Thomas Huber** Klettergeschichte geschrieben.*

Baumallee beim Klostergut Harpfetsham

Kirche und Gut Harpfetsham

die **Bannzaunstraße** entlang bis zur ❷ **Bräukapelle,** die aus der zweiten Hälfte des 19. Jahrhunderts stammt. Beim Blick zurück ergibt sich ein schöner Dreiklang: mittig die Kapelle, rechts davon die Pfarrkirche und links in einiger Entfernung auf einer Anhöhe die schemenhaft zu erkennende Kapelle des Kalvarienbergs.

Geradeaus gelangen wir auf einem Wiesenweg zur ansteigenden **Kreisstraße (TS 26),** auf die wir nach rechts einbiegen. An der zweiten Kreuzung orientieren wir uns nach links Richtung Klostergut Harpfetsham. Kurz darauf folgen wir dem Radwegweiser nach rechts Richtung **Tengling** und **Kloster Harpfetsham.** Wir erreichen das denkmalgeschützte ❸ **Klostergut** von 1732, das heute als Bildungshaus und Stätte für körperliche, geistige und seelische Revitalisierung fungiert, und biegen mit Blick auf den Turm der Kirche Harpfetsham nach links. Vorbei an einem wunderschön blühenden Staudengarten und einer Birkenallee erreichen wir immer geradeaus durch einen Wald den Weiler **Lampertsham.** Die Kreuzung neben der Kapelle passieren wir geradeaus, radeln im Linksbogen durch den kleinen Ort. An der folgenden T-Kreuzung biegen wir rechts ab auf die asphaltierte Straße nach **Tengling** – wiederholt von Wegweisern begleitet. Hatte unsere Route bisher immer wieder ansteigende Streckenabschnitte, liegen die nächsten 3,5 Kilometern weitgehend in einem leichten Gefälle. Kurz vor Tengling durchfahren wir den Weiler **Burg.** Unmittelbar nach der Ortsausgangstafel schwenken wir links in die Straße **Igelsbach.** Die bringt uns auf einer Brücke über den linken Oberlauf (Igelsbach) des Tenglinger Bachs, einer von zwei Zuflüssen des Tachinger Sees. An der T-Kreuzung in **Tengling** biegen wir rechts auf die **Weinbergstraße,** die uns am **4 Tenglinger Dorfladl** vorbei in die Dorfmitte lenkt. Unterhalb der um 1500 erbauten Pfarrkirche St. Laurentius überqueren wir eine Kreuzung geradeaus auf die **Seestraße,** die zur Rechten vom Tenglinger Bach begleitet wird. Kurz darauf liegt rechter Hand eine Kneippanlage, die mit Quellwasser gespeist wird und uns einen erfrischenden Kältekick beschert. Am Bach erkennen wir erstmals den Tachinger See als dünnen Streifen vor uns. Eine Panoramakarte informiert uns, welche Alpengipfel wir dahinter am Horizont mit bloßem Auge sehen. Unser munteres Gipfelraten fällt zu unseren Ungunsten aus, also gehen wir sie Berg für Berg noch einmal durch. Am Ende können wir immerhin Hochstaufen (1771 Meter) und Watzmann (2713 Meter) identifizieren.

Wieder im Sattel, steuern wir das **5 Strandbad Tengling** an, zu dem uns mehrere Wegweiser leiten. Das idyllisch gelegene Bad inmitten des Landschaftsschutzgebiets um den Tachinger See belegt rund 130 Meter des Nordufers. Der Kiosk mit Biergarten ist einladend, das Angebot gut und die Aussicht mit See- und Alpenblick fantastisch. Sogar einen Bootsverleih gibt es.

*Der **Kalvarienberg** bei Palling (erbaut 1885–1889) gilt als einer der großartigsten Ostbayerns. 14 Stationen zeichnen den Kreuzweg Christi nach. Sodann führt ein Weg zur gemauerten Kapelle mit lebensgroßer Kreuzigungsgruppe und Grablegungsgrotte.*

St. Laurentius in Tengling

Unsere Stippvisite haben wir genossen, die Minuten der Stille haben uns gutgetan. Wir verlassen den Ort nach rechts über den Parkplatz und eine schmale Holzbrücke. Danach biegen wir rechts auf den ausgeschilderten, weitgehend bewaldeten Seeweg ab. Der bringt uns immer in Ufernähe und im sanften Auf und Ab das ganze Ostufer entlang nach **Tettenhausen.** Kurz bevor uns der Seeweg leicht ansteigend an einer Wegschranke vorbei auf den **Seeleitenweg** entlässt, passieren wir eine weitere Kneippanlage, die wenige Meter abseits am Waldrand liegt.

In Tettenhausen biegen wir an der ersten T-Kreuzung nach rechts auf die **Bichelner Straße** und an der zweiten ebenfalls rechts auf die **Hauptstraße** (Wegweiser **Taching**). Vor der Brücke, die uns über die Seeenge zwischen Tachinger und Waginger See führt, wechseln wir auf Höhe eines Parkplatzes die Straßenseite auf den Radweg. Hier liegt am Ufer des Waginger Sees das **6 Strandbad Tettenhausen** mit dem zugehörigen **7 Restaurant Badwirt.** Von der Brücke aus haben wir einen herrlichen Blick auf die beiden Bruderseen: links den Waginger, rechts den Tachinger See.

*Der **Tachinger See** zählt – wie auch sein großer Bruder, der Waginger See – wegen seiner geringen Tiefe von 17 Metern zu den wärmsten Seen in Oberbayern. Die Wassertemperatur im Sommer beträgt um die 27 Grad Celsius, die Wasserqualität ist ausgezeichnet.*

Knapp 800 Meter nach der Brücke wechseln wir erneut die Straßenseite und fahren nun einen Schotterweg (Sackgassen-Schild) entlang, der uns zwischen Weiden, Streuwiesen und Feldern durch die Einöde **Au** zur **Tachenseestraße (St 2105)** lenkt. Wir wenden uns nach rechts und fahren auf dem die Straße begleitenden Radweg in die Ortsmitte von **Taching.** Hinter dem alten, 1965 erbauten Feuerwehr-Gerätehaus samt Schlauchturm aus Holz biegen wir links in die **Mühlstraße** ab. Ab jetzt folgen wir dem Radwegweiser Richtung **Traunreut** und **Brünning.**

Die nächsten 5 Kilometer sind durchaus anspruchsvoll, weil das Gelände über weite Strecken mal mehr, mal weniger ansteigt. Die Etappe wird uns durch die Weiler Eging und Mollstätten bis ins Kirch-

Seeblick bei Tettenhausen

dorf Brünning führen. Charakterisieren lässt sich dieser Abschnitt am besten als sommerliche Landpartie, die uns fortwährend mit malerischen Landschaftsbildern beseelt: Unterschiedlich große Wiesen und Äcker fügen sich, so weit das Auge reicht, zu einem illustren, mehrfarbigen Mosaik zusammen. Wälder kommen und gehen. Und aus der Ferne grüßen ab und zu die Berge. Aber es gibt noch mehr Sehenswertes: kurz vor Eging etwa eine Wegkapelle mit Zeltdach aus dem 19. Jahrhundert, dann eine von einem dichten Blätterdach beschattete Kneippanlage. Hinter **Eging** erwartet uns eine Ruhebank nebst Wegkreuz mit tollem Blick zurück gen Taching. In **Brünning** schließlich empfängt uns die um 1420 errichtete Kirche St. Johannes Baptist mit ihrem achteckigen Turm aus dem 18. Jahrhundert samt Zwiebelhaube.

Kurz nach der Kirche geht's links (Radwegweiser **Traunreut**). Von Wiesen und Feldern flankiert, anfangs die Berge vor Augen, gelangen wir durch den Weiler **Unterweißenkirchen** zur Kreisstraße (TS 1). Wir radeln links bis zu einem Kreisel, den wir an der ersten Ausfahrt nach rechts verlassen. Auf der **Staats-**

straße (St 2104) erreichen wir schon bald den 50-Seelen-Weiler **Pierling,** ein Ortsteil von Traunreut. Am Ortsende verlassen wir die Staatsstraße nach links auf einen zunächst asphaltierten, dann schottrigen Weg, der uns geradeaus durchs Wäldchen Kirchholz lenkt. Er geht in die **Waginger Straße** über, die durch das Industriegebiet von Traunreut führt. Nach der gelben **DHL-Packstation** zu unserer Rechten biegen wir auf die **Tachinger Straße** ab, die nach einer Rechtskurve nahtlos in die **Werner-von-Siemens-Straße** übergeht. Nach dem Waldfriedhof geht's schließlich rechts in die **Münchner Straße,** wo unsere Tour – inklusive aller Genussaufenthalte – vor sage und schreibe 7 Stunden begann.

Historische Landesgrenze

Törring
Palling
Tengling
Höhenstätten
Lampertsham
Tenglinger Bach
Unterschilding
Burg
St2093
St2105
Brünning
Gessen-
hausen
Steineck
Mollstätten
Traunreut
St2104
Taching
am See
Tachinger
See
Tetten-
hausen
Holzhausen
Traunwalchen
Waging
am See
Fisching
Waginger
See
Otting
1
2
3
4
5
6
7

ALLES AUF EINEN BLICK

Entspannung 4/5
Abenteuer 4/5
Vielfalt 5/5

WIE & WANN

Asphaltierte Haupt- und Nebenstraßen, Wirtschafts-, Wald-, Wiesen- und Radwege; ideal April bis Oktober.

HIN & WEG

Auto: Parken auf den Nebenstraßen in der Nähe des Bahnhofs, 83301 Traunreut
ÖPNV: Bahnhof Traunreut

ESSEN & ENTSPANNEN

4 **Tenglinger Dorfladl,** Weinbergstraße 7, 83373 Taching am See, Tel. (0 86 87) 7 18 99 96

5 **Kiosk mit Biergarten Strandbad Tengling,** Am See 1, 83373 Taching am See, Tel. (0 86 81) 14 44

7 **Restaurant Badwirt,** Hauptstraße 2, 83329 Waging am See, Tel. (0 86 81) 3 58, www.strandbad-tettenhausen.de/restaurant-tettenhausen

ENTDECKEN & ERLEBEN

1 **Stall- und Stadeltrakt mit Bundwerk** in Jegling

2 **Bräukapelle**, Kapellenweg, 83349 Palling

3 **Klostergut Harpfetsham**

5 **Strandbad Tengling,** siehe ESSEN & ENTSPANNEN

6 **Strandbad Tettenhausen,** Hauptstraße 2, 83329 Waging am See, Tel. (0 86 81) 16 22, www.strandbad-tettenhausen.de

Die GPS-Daten zu jeder Tour gibt es auf
www.droste-verlag.de

Konzeption/Satz: Droste Verlag, Düsseldorf
Einbandgestaltung: Britta Rungwerth, Düsseldorf, unter Verwendung von Bildern von © Fotolia.com: Andrey Kuzmin, undrey, dabost, niroworld; © Adobe Stockfoto: Alexander Rochau
Fotos: Harald Hesse
Textlektorat: Bernhard Edlmann, Raubling
Karten: Angelika Solibieda, Karlsruhe
Druck und Bindung: LUC GmbH, Greven

ISBN 978-3-7700-2491-9
www.droste-verlag.de

FSC
www.fsc.org
MIX
Papier | Fördert gute Waldnutzung
FSC® C011279